DE

De leerling

Leren leven als volgeling van Jezus

Henk Stoorvogel

Vijfde druk

Voorhoeve

Voor de drie vrouwen
die mijn leven elke dag zo mooi maken:
Ruth, Manoa en Emma.
Ik houd van jullie!

FSC www.fsc.org
MIX
Papier van verantwoorde herkomst
FSC® C004472

Vijfde druk, mei 2016

Omslagontwerp: Ralf Boer (www.brandnewstory.nl)
ISBN 978 90 297 2583 5
NUR 707

Inhoud

Voorwoord 7

Hoofdstuk 1: Leren leven als leerling 11

Eerste fase:
Leven zonder God 27

Hoofdstuk 2: Leven zonder God 29

Hoofdstuk 3: De man die niet kon kiezen 45
Gebed na hoofdstuk 3 55

Tweede fase:
Vreugdevolle kennismaking 57

Hoofdstuk 4: Vreugdevolle kennismaking 59

Hoofdstuk 5: Schokkende genade 73
Oefeningen na hoofdstuk 5 85

Derde fase:
Radicale keuzes 87

Hoofdstuk 6: Radicale keuzes 89

Hoofdstuk 7: De weg naar vrijheid 103
Oefeningen na hoofdstuk 7 117

Vierde fase:
Leren 121

Hoofdstuk 8: Leren 123

Hoofdstuk 9: Commandotraining 139
Oefeningen na hoofdstuk 9 151

Vijfde fase:
Vruchtdragen 153

Hoofdstuk 10: Vruchtdragen 155

Bronvermeldingen 171

Voorwoord

Dit boek schetst een model van persoonlijke groei, gebaseerd op Jezus' omgang met zijn vrienden, zoals verteld in de evangeliën. Veel mensen denken dat Jezus drie jaar lang met zijn twaalf vrienden optrok. Dat klopt niet helemaal. Jezus' openbare bediening heeft drie jaar geduurd en zijn omgang met zijn vrienden speelde daarin een grote rol. *Jezus' omgang met zijn vrienden doorliep verschillende fases.* Hij deed dit heel bewust, zodat Hij zijn vrienden stapje voor stapje verder kon brengen. Hij leerde hen leven als leerling.

De fases die Jezus met zijn vrienden doorliep kunnen ons vandaag de dag helpen om te groeien in onze relatie met God. Misschien ken je God nog niet. Dat is prima. Ik hoop dat je Hem in de loop van dit boek leert kennen als een geweldige Heer en liefdevolle Vader. Misschien ken je God al je leven lang, maar heb je het gevoel dat je stil staat in je geestelijke ontwikkeling. Dit boek reikt je handvatten aan waardoor je kunt gaan groeien. Ik hoop dat God je zegent met moed en zin om met je leven aan de slag te gaan zodat je leert leven als leerling.

Het boek schetst het proces vanuit de evangeliën en maakt bij elke fase een persoonlijke toepassing voor de lezer. Mijn ervaring is dat de vijf fases die worden behandeld toepasbaar zijn voor ons leven nu. Het toepassen van de sleutels uit dit boek heeft zowel bij mij persoonlijk als bij talloze andere mensen, persoonlijke groei en zegen gebracht.

Het lezen van dit boek is een reis. Er wordt een perspectief geschetst voor je leven. Het is een boek van confrontatie en hoop, van loslaten en groei. Ga mee op reis en leer leven als leerling!

Gods zegen toegewenst!

Henk Stoorvogel

Henk Stoorvogel spreekt regelmatig op conferenties en in kerken en houdt seminars over discipelschap en geloofsgroei.
U kunt contact met hem opnemen via
www.henkenruthstoorvogel.nl
info@henkstoorvogel.nl

Zoals alle expedities begint onze reis met een vertrek.
Francis Frangipane

Wellicht zijn de beloften die God werkelijk gedaan heeft, krachtiger dan die we onszelf gewenst hadden.
Larry Crabb

We moeten rennen, vliegen, vallen, opstaan en weer doorgaan.
We kunnen nu niet wachten, we kunnen nu niet langer blijven staan.
Herman van Veen

Hoofdstuk 1

Leren leven als leerling

Jezus had en heeft vier grote doelen met zijn leven op aarde. Het eerste doel is: laten zien wie God is! 'Niemand kent de Vader dan de Zoon en wie de Zoon het wil openbaren.' Voor eens en voor altijd wil Jezus afrekenen met alle valse voorstellingen van God. Is God saai? Is God streng? Heeft God geen humor? Is God altijd aardig? Kijk naar het leven van Jezus en sta verbaasd! En weet dan: precies zo is God!

Het tweede doel is: de wereld redden van de eeuwige dood die het verdiende loon is op de zonde. 'God heeft zijn Zoon niet naar de wereld gestuurd om een oordeel over haar te vellen, maar om de wereld door Hem te redden.'

Het derde doel is: het koningschap over de aarde weer op te eisen en voor eeuwig heersen. 'Tot in eeuwigheid zal Hij Koning zijn over het volk van Jakob, en aan Zijn koningschap zal geen einde komen.' Jezus wist dat Hij zijn koningschap zou krijgen: 'Dan zullen zij de Zoon des mensen zien komen op de wolken, met grote macht en heerlijkheid.'

In het vierde doel ligt de uitwerking van de drie voorgaande doelen besloten. Het vierde doel van Jezus is om een groep mensen zo te vormen dat zij in nauwe samenwerking met God zelf doel één, twee en drie vormgeven op aarde. Met andere woorden: Jezus wil zijn gemeente stichten op aarde. Hierdoor wil Hij de mensen laten zien hoe schitterend God is. Hierdoor wil Hij mensen redden door het evangelie te verkondigen en discipelen te maken. En door de gemeente wil Hij de wereld laten zien dat Jezus Christus heerst en dat zijn koningschap goed is!

Jezus heeft nooit een boek geschreven, Hij heeft geen leiderschapsinstituut opgericht, Hij heeft geen huishoudelijk reglement van zijn nieuwe Koninkrijk gegeven. Zijn aanpak: Jezus vermenigvuldigt zichzelf in twaalf mensen. Het is van groot belang te zien hoe wij in onze tijd zo met God kunnen samenwerken, dat al zijn doelen bereikt worden, zoals Hij dat bedoeld heeft.

Een heel leven in drie jaar tijd

De taak voor Jezus is immens. Hij heeft dertig jaar in de anonimiteit geleefd. Een heel gewone, buitengewone timmerman in Nazaret, Galilea. Zo rond zijn dertigste hangt Jezus de hamer en de beitel aan de wilgen en begint Hij met zijn openbare bediening. Matteüs en Lucas beschrijven de gebeurtenissen rond de geboorte summier. Zo snel mogelijk springen ze over naar de start van Jezus' bediening. Van Jezus' tienertijd is nauwelijks iets bekend. Evenmin van zijn twintiger jaren. Marcus schrijft zelfs helemaal niets over de geboorte van Jezus. Hij begint meteen met waar het uiteindelijk om gaat: drie fantastische, onnavolgbare jaren van openbare bediening.

De drie jaren zijn één uitbarsting van goddelijke passie en leven. Het is onmogelijk voor de schrijvers van de evangeliën om alles door te geven. Een aantal van de hoogtepunten hebben ze opgeschreven, maar er was zoveel meer! Wat moet het heerlijk geweest zijn om in de eerste gemeente direct onderwijs van de apostelen te ontvangen. Zij hebben immers uit de eerste hand enorm veel meegemaakt met Jezus en dat moet doorgegeven worden. En zo kon de eerste gemeente dag na dag, week na week, direct en fris onderwijs van de apostelen ontvangen. Ik vraag me wel eens af hoeveel lessen, gebeurtenissen en gelijkenissen daarbij waren die wij nooit gekend hebben...

De drie jaren van bediening zijn ontzagwekkend intens. Jezus leeft als het ware een heel leven in drie jaar tijd. Een van de belangrijkste doelen van die drie jaar is het transformeren van twaalf heel gewone mannen tot machtige medestrijders van God. In de rest van dit boek wil ik de bepalende momenten uit die transformatietijd in vijf fases de revue laten passeren en bespreken hoe jij en ik dezelfde stappen in onze tijd kunnen zetten.

Het resultaat van Jezus' discipelschapstraining

Het resultaat van de trainingstijd van Jezus met zijn discipelen is indrukwekkend. Het laatste vers van Marcus zegt:

> Doch zij (de discipelen) gingen heen en predikten overal, terwijl de Here medewerkte en het woord bevestigde door de tekenen die erop volgden.

Wat een machtige tekst! De discipelen – die hier apostelen worden, gezondenen – trekken er op uit en prediken het Woord van God en *God werkt met ze mee*! Wat een statement! Jezus is terug in de hemel (wat een 'welkom-thuis-feest' moet dat zijn geweest!), maar zijn werk gaat onverminderd door op aarde! Een droom van God komt uit! Het lukt! Je ziet de glimlach van God doorbreken en de hemel davert van geluk! Ze doen het! Jezus is terug in de hemel, maar het werk gaat door! Hij moet iets gevoeld hebben van: 'Nog steeds kunnen mensen op aarde zien hoe Ik ben! Nog steeds worden mensen gered van de eeuwige dood! Mijn Koninkrijk krijgt ook op aarde steeds meer vorm!' Er is een geweldige symbiose, een indrukwekkend één worden van God en zijn medestrijders op aarde. Johannes en Petrus zien een verlamde man zitten en denken: 'Die man zou moeten lopen!' God in de hemel heeft 'toevallig' die dag precies hetzelfde idee! Dus Johannes en Petrus 'kijken' even naar boven, zien daar een stralende knipoog, beseffen: 'God is het helemaal met ons eens', en zij genezen de verlamde man. En zo dendert Handelingen voort! Stad na stad gaat over de kop voor God. Duizenden mensen leren Jezus Christus kennen als hun persoonlijke Heer en Verlosser. Het is feest! De gemeente van Jezus Christus bereikt vanuit Jeruzalem langzaam maar zeker heel de toenmalige wereld met de bevrijding en kracht van het evangelie.

Gewone mannen

Als er een ding bijzonder is aan de twaalf discipelen dan is het wel dat ze zo ontzettend gewoon zijn. Er zit geen enkele schriftgeleerde bij – wat een statement tegen de gevestigde geestelijke orde van die tijd! Onder de twaalf bevindt zich geen enkele hotemetoot van een politieke meerderheid. Nee, het zijn heel gewone mannen die dagelijks aan het vissen zijn. Mannen die trouwen, kinderen krijgen en naar de plaatselijke synagoge gaan. Mannen die naar Johannes de Doper luisteren en daarover discussiëren. Simon, met zijn aandoenlijke mentaliteit van 'eerst doen en dan denken'. Johannes en Jakobus, twee 'donderstenen' eerste klas. Matteüs de tollenaar, een beroep dat gewaardeerd werd zoals dat van een pooier of een drugshandelaar nu. Simon, de Zeloot, een hooligan en messentrekker, op zoek naar de vernietiging van de Romeinse overheersing. Allemaal, behalve Judas Iskariot, afkomstig uit Galilea. Galilea! Niet bepaald het rekruteringsgebied voor nieuw leiderschap. Ongeveer hetzelfde als een nieuwe regering samenstellen met boerenknechten uit Oost-Groningen.

Hoe kan het toch dat Jezus twaalf zulke gewone mannen op zo'n bijzondere manier tot leven weet te wekken? Hoe kunnen gewone vissers, belastinginners en politieke dissidenten uitgroeien tot een strijdmacht die de wereld heeft veranderd?

Transformatietijd in vijf fases

Misschien denk je dat de discipelen de volledige drie jaar met Jezus hebben doorgebracht. Dat is niet het geval. Ze hebben zoals we zullen zien in totaal Jezus slechts anderhalf jaar fulltime gevolgd. In de evangeliën zijn vijf fases te onderscheiden die de discipelen doormaken. Eén fase voordat ze Jezus kennen en vier fases waarin Jezus de discipelen leidt tot een vruchtbaar, krachtig leven:

1. **Leven zonder God:** Er was een tijd dat de twaalf discipelen Jezus nog niet kenden. Die periode wordt gekenmerkt door een zoeken naar zin, doel en vrede. Voordat mensen Jezus leren kennen lekken ze veel emotionele energie, kracht en vreugde. Het Griekse woord voor duivel is *diabolos* – de lasteraar. Satan verdeelt en fragmenteert mensen. Het gevolg is een gebroken en kapot leven.
2. **Vreugdevolle kennismaking:** De eerste ontmoeting met Jezus markeerde de start van een aantal bijzonder sprankelende en vreugdevolle maanden. De eerste periode na een persoonlijke

ontmoeting met Jezus is groot feest! Er gebeuren allerlei bijzondere dingen. Je hebt een ervaring van verliefdheid en je geluk kan niet op.

3. **Radicale keuzes:** Ongeveer negen maanden na de eerste ontmoeting met Jezus volgt een tweede roeping voor de eerste vier discipelen. Jezus wil dat ze radicale keuzes maken op het gebied van persoonlijke heiligheid en het volgen van Hem. De fase van *Vreugdevolle kennismaking* is slechts de start; er is nog veel te leren, te beginnen met het afstand nemen van alles wat belangrijk voor je was in je vorige leven – de vissersboot, de familie, de woonplaats. Op deze manier krijg je de handen vrij om meer van Jezus te leren.
4. **Leren:** De discipelen worden klaargemaakt voor een leven dat veel vruchtdraagt. Jezus leert ze preken, genezen, bevrijden en vormt ze tot een team. Jezus schuift je in deze fase steeds wat meer naar voren. Je mag dingen gaan uitproberen en je mag je gaan oefenen in allerlei vaardigheden.
5. **Vruchtdragen:** Vanuit het *Leren* groei je door naar het *Vruchtdragen.* God vertrouwt je een bediening toe waarin je mag worden wie je ten diepste bent.

In het vervolg van dit boek worden deze fases uitgewerkt. Elke fase heeft een start en een leerperiode. Beide zijn van fundamenteel belang. De start is een soort inwijdingsmoment in de volgende fase. Zonder de juiste start kun je de nieuwe leerperiode niet ingaan. Na de start, die vaak emotioneel en heftig is, komt een periode waarin je allerlei dingen met Jezus gaat meemaken die je helpen om naar de volgende fase te groeien. De leerperiode wordt gekenmerkt door een leerstijl en een aantal levenslessen. In de evangeliën duurt de fase van de *Vreugdevolle kennismaking* met Jezus ongeveer negen maanden, evenals de fase van de *Radicale keuzes.* De *Leren*-fase duurt achttien maanden. Deze periodes zijn veelzeggend. Negen maanden is de tijd die een baby'tje in een moederschoot nodig heeft om klaar gemaakt te worden voor een volgende fase. De *Leren*-fase duurt langer. De belangrijkste reden

hiervoor is dat deze lessen niet op een snelle, eenvoudige manier geleerd kunnen worden. Voor de lessen uit de *Leren*-fase heb je tijd nodig. De verschillende fases kunnen bij verschillende mensen verschillend verlopen, qua tijdsduur en ook qua intensiteit. Sommige mensen hebben misschien een hele intense *Vreugdevolle kennismaking* met Jezus, anderen hebben weer een duidelijker *Leren*-fase. Jouw leven hoeft natuurlijk niet exact met het model te matchen. Maar dit model kan je wel helpen verder te groeien in je leven met Jezus.
Hieronder eerst een korte inleiding op de verschillende fases. De eerste fase slaan we nu trouwens even over: dat was de periode dat de discipelen Jezus nog niet kenden.

Tweede fase: *Vreugdevolle kennismaking*
In Johannes 1 vindt de eerste ontmoeting tussen Jezus en vijf van zijn latere apostelen plaats. Jezus is kort daarvoor gedoopt door Johannes de Doper, Hij heeft de verzoeking in de woestijn glorieus doorstaan en wandelt vanuit de woestijn terug naar zijn logeeradres. Johannes en Andreas zijn op dat moment volgelingen van Johannes de Doper. Johannes de Doper vertelt hen het fantastische verhaal over de doop van Jezus, de stem, de open hemel en de duif. Als Jezus weer opduikt wijst hij Johannes en Andreas op Jezus. De twee mannen volgen Jezus welhaast gehypnotiseerd, zo fantastisch vinden ze het dat ze de Messias eindelijk hebben gevonden. Die avond brengen ze bij Jezus door en de volgende dag brengt Andreas zijn broer Simon bij de Heer. Jezus kijkt onmiddellijk dwars door Simon heen en geeft hem zijn ware naam: Petrus. Rots. De volgende dag begint Jezus met zijn terugreis naar Galilea, Hij heeft namelijk een bruiloft – in Kana – waar Hij verwacht wordt. Onderweg 'vindt' Jezus Filippus. Filippus wordt daarmee de eerste discipel die niet zelf naar Jezus toekomt, maar die door Jezus opgezocht wordt. Filippus brengt vervolgens zijn vriend Natanaël bij Jezus. Vijf jonge mannen, Johannes waarschijnlijk nog geen twintig jaar oud. Hun eerste ontmoeting met Jezus. Nooit zal hun leven meer hetzelfde zijn.

Die eerste belevenissen met Jezus zijn geweldig. Ze gaan met Jezus mee naar de bruiloft in Kana en zien water in wijn veranderen! Daarna gaan ze met Jezus mee naar het paasfeest in Jeruzalem. Ze reizen van feest naar feest! Het is prachtig om bij de Messias te zijn! Tijdens het paasfeest onderneemt Jezus opeens een bijzondere actie en veegt Hij in zijn eentje de tempel schoon. Dat hadden de discipelen niet achter Hem gezocht, het is indrukwekkend om mee te maken.
Na het paasfeest gaan Jezus en zijn vijf discipelen naar de Jordaan in het gebied van Judea. En dan zegt de Bijbel heel subtiel: 'Het was niet Jezus zelf die doopte, maar zijn (vijf) discipelen.' De discipelen dopen daar warempel nog meer mensen dan Johannes de Doper in al zijn ijver voor elkaar heeft gekregen! Er ontstaat ophef onder de farizeeën over de identiteit van de nieuwe, nog grotere 'Johannes de Doper'. Jezus heeft nog geen belang bij directe confrontaties met de farizeeën en Hij trekt zich daarom met zijn discipelen terug.
Na een dag reizen door een snikheet Israël komen ze bij een Samaritaanse stad waar de Heer van de hemelse machten uitgeput tegen een bron gaat zitten. Hij laat zijn discipelen voedsel en water halen in het dorp. Daar ontmoet Jezus de Samaritaanse vrouw die tot bekering komt en – met haar – het grootste deel van haar stad! Zo begint voor de vijf discipelen het leven met Jezus! Heerlijk, dat optrekken met de Messias! Ze trekken van feest naar feest, ze boeken razendsnelle resultaten en ze beleven elke dag wat nieuws!
En toch, na deze eerste enerverende periode, die een aantal weken, misschien twee maanden geduurd moet hebben, keren de vijf mannen weer terug naar hun huis, gezin en vissersboot. Er moet weer brood op de plank komen. 'Jezus, we hebben een fantastische tijd gehad, we hebben er echt ongelofelijk van genoten, maar de plicht roept. Tot gauw!'

Derde fase: *Radicale keuzes*
Inderdaad 'tot gauw!', want Jezus heeft iets ontdekt in de harten van zijn eerste vijf volgelingen. En wat doet Jezus? Hij verhuist

vanuit Nazaret waar Hij zo'n achtentwintig jaar heeft gewoond, naar het stadje waar vier van zijn vijf nieuwe vrienden wonen. Kun je het voorstellen? Jezus Christus, Zoon van de allerhoogste God, aanbeden door miljoenen engelen: Hij laadt zijn weinige bezittingen op een ezelskar, wuift zijn moeder en broers gedag en Hij verhuist naar Kafarnaüm. Waarom? Omdat Hij daar bijzonder potentieel heeft ontdekt! Ongehoord! Zo ver gaat God voor jou en mij! Ja, Hij heeft al zijn goddelijkheid afgelegd en is geboren in een grot. Hij groeit op van baby tot een volwassen man en sterft uiteindelijk aan een kruis. Maar naast de menswording en de kruisiging is er deze buitengewoon nederige daad van Jezus: Hij verhuist om dichter bij Johannes, Andreas, Simon en Filippus te zijn. Vanuit zijn nieuwe basis in Kafarnaüm onderneemt Jezus een aantal reizen waarbij zijn discipelen niet meereizen. Jezus maakt een preektournee door Galilea, Hij preekt in zijn oude thuisstad Nazaret en wordt daar bijna vermoord. Jezus trekt naar Jeruzalem en laat daar zien wie Hij is; opnieuw wordt Hij bijna vermoord. Ongeveer negen maanden na de eerste ontmoetingen met de vijf discipelen heeft Jezus in korte tijd al twee moordaanslagen te verduren. De tijd begint te dringen. Jezus moet zijn grote doelen nog bereiken. Het vermenigvuldigen van zijn leiderschap in een aantal andere mannen is in ieder geval van belang, zodat alles door zal gaan als Hij terug is bij de Vader. Dus reist Jezus vanuit Jeruzalem terug naar Kafarnaüm en Hij loopt direct de volgende ochtend naar het strand. Hij weet dat Hij Johannes, zijn broer Jakobus, Andreas en Simon daar zal ontmoeten. Jezus beseft dat Hij meer tijd met deze mannen moet gaan doorbrengen om ze voor te bereiden op wat komen gaat. Al snel heeft heel Kafarnaüm door dat Jezus weer terug is en het hele stadje loopt uit naar het strand. Jezus onderwijst de menigte vanuit de boot van Simon. Na het onderwijs en de wonderbare visvangst zegt Jezus tegen Simon: 'Volg mij.' Diezelfde dag roept Hij ook de andere drie. De mannen laten nu wel hun huis, gezin en vissersboot achter. De fase *Radicale keuzes* is begonnen.

Vanaf dat moment heeft Jezus vier vaste volgelingen die de ko-

mende twee jaar en drie maanden intensief met Hem gaan optrekken. De roeping van zeven van de overige discipelen vindt negen maanden later pas plaats; Matteüs wordt een paar maanden eerder geroepen.
Dichtbij Jezus blijven en goed kijken en luisteren is nu het devies. Het begint meteen de eerstvolgende sabbat als Jezus een demon uitdrijft tijdens de dienst in de synagoge. Bij Simon thuis geneest Hij diens schoonmoeder en 's avonds, als de hele stad te hoop is gelopen bij de deur van Simons schoonmoeder, geneest Jezus velen en drijft Hij vele boze geesten uit. Dit is voor de volgelingen van Jezus het begin van negen bijzondere maanden. Jezus gaat weer op preektournee door Galilea en de mannen reizen mee. Ze horen Jezus keer op keer preken over het nieuwe Koninkrijk van de hemel. Onderweg wordt de groep uitgebreid met de komst van Matteüs de tollenaar, ook afkomstig uit Kafarnaüm. Verder gaat de reis en de mannen maken genezingen mee, ze leren aren plukken op de sabbat en ze krijgen onderwijs over uiteenlopende onderwerpen. De volgelingen worden echte discipelen: mensen die Jezus volgen, van Hem leren en allerlei wijsheden en bijzondere ervaringen indrinken. Jezus wil de discipelen echter nog verder brengen met zijn training. De fase van het *Leren* laat de mannen groeien tot vriend van Jezus.

Vierde fase: *Leren*

Marcus zegt het treffend: 'Hij stelde er twaalf aan, opdat zij met Hem zouden zijn en opdat Hij hen zou uitzenden om te prediken, en macht te hebben boze geesten uit te drijven.' Jezus is inmiddels anderhalf jaar bezig met zijn bediening. Er rest Hem nog anderhalf jaar voor 'het weekend dat de wereld zal veranderen' zal aanbreken. Jezus wil twee dingen bereiken met de selecte groep mannen, gekozen uit de duizenden mensen die Hem volgen. Het eerste is dat Hij nog meer tijd wil doorbrengen met deze selecte groep discipelen: 'Opdat zij met Hem zouden zijn.' De maaltijden, de wandelingen, de preken, de wonderen, de verheerlijking op de berg, de angst in Getsemane, bij rijken en armen aan huis, de rondzwervingen door Judea en Galilea: Jezus wil dat zijn discipelen alles van Hem meemaken.

In de tijd van Jezus was het gebruikelijk dat een leerling van zo dichtbij mogelijk het dagelijkse leven van zijn rabbi meemaakte. Leerlingen wilden meemaken hoe hun rabbi omging met geld en vrouwen, hoe hij zich gedroeg tijdens het bereiden van maaltijden, tijdens allerlei klusjes en zelfs tijdens het naar het toilet gaan! In de Talmoed staat het verhaal van een leerling die zich onder het bed van zijn rabbi verstopte omdat hij wilde weten hoe de Rabbi met zijn vrouw de nacht doorbracht. Deze leerling werd echter ontdekt en de rabbi wilde weten wat zijn leerling daar deed. Waarop de leerling antwoordde: 'Dit is ook tora en ik moet leren!'

Het tweede dat Jezus wil bereiken met de selecte groep discipelen is dat ze zouden leren om te doen wat Hij doet. Jezus schuift ze wat verder vooruit. Hij helpt hen over hun koudwatervrees heen en leert ze zwemmen. 'Toe maar, ga jij nu maar eens in plaats van Mij preken, Natanaël.' 'Toe maar Judas en Thomas, hoe lossen jullie deze ziekte nu op?' De twaalf gaan door een periode van commandotraining, de fase van het *Leren* is volop aan de gang. Ze doen dingen die ze nooit eerder hebben gedaan. Ze maken dingen mee die hun stoutste dromen overtreffen. En wat maken ze een geweldige leercurve door! Niet alleen gaan ze allerlei zaken zelf doen, ook krijgen ze dieper onderwijs van de Here Jezus. Jezus spreekt de bergrede uit direct na de roeping van de twaalf mannen, en deze boodschap is dan ook in de eerste plaats aan hen geadresseerd. Ook de gelijkenissen worden in een privé-sfeer extra uitgelegd terwijl de massa het alleen met het verhaal moet doen. De discipelen worden twee aan twee op missie gestuurd en ineens worden er doden opgewekt, Jezus bevrijdt het monster van de Gerasenen, Johannes de Doper wordt onthoofd, er worden gratis feestmaaltijden georganiseerd en Jezus begint verontrustend veel te praten over een aankomende marteldood.

Deze anderhalf jaar zijn bijzonder, enerverend en uitdagend. Vaak lijkt het op 'rennen, vliegen, vallen, opstaan en weer doorgaan'. Het leven van de discipelen zal nooit meer het gezapige ritme van het slaperige vissersdorpje Kafarnaüm kennen. Vanaf hier gaat het in één ruk door naar de megagemeente in Handelingen. Vanaf nu wordt er extra-ordinair geleefd!

Vijfde fase: *Vruchtdragen*
Er komt een ongekende kracht los in de levens van de twaalf discipelen. De fase van *Vruchtdragen* begint werkelijkheid te worden. Ze prediken gepassioneerd. Ze dienen toegewijd. Ze delegeren zonder angst. Ze bouwen een megagemeente in Jeruzalem. Ze genezen mensen door hun schaduwen en met hun zweetdoeken. Gevangenisdeuren vliegen open en muren vallen om. Vervolging en marteldood kan ze niet breken, maar stuwt ze alleen maar dichter naar de Heer waar ze zoveel van houden. Larry Crabb zegt:

> Wellicht zijn de beloften die God werkelijk gedaan heeft, krachtiger dan die we onszelf gewenst hadden.

Wanneer die ontzagwekkende grote werkelijkheid van Gods beloften realiteit wordt, heeft dit altijd spectaculaire gevolgen voor mensen. God wil zijn ontzaglijke grote plannen bereiken door heel normale mensen, zoals de twaalf discipelen. En ook door jou en mij! Uiteindelijk mogen en moeten wij er ook aan geloven. De kracht en het wonder van Gods beloftes zijn dat het extra-ordinaire leven niet alleen voor Jezus en zijn twaalf discipelen is, maar ook voor jou en mij! Of je nu nog op school zit, of dat je je tussen de luiers en gebroken nachten bevindt, of dat je als een komeet de carrièreladder beklimt: God heeft een plan met jouw en mijn leven. Dat plan overtreft onze stoutste dromen.

Het proces samengevat
Het proces begint onschuldig op een heel gewone dag met een ontmoeting. Drie jaar later is elke actie raak. Elk woord klopt. Ze zijn volledig zichzelf en tegelijk volledig 'in God'. God werkt met ze mee en de wereld wordt veranderd. Het schema hiernaast vat de verschillende fases met hun inwijdingsmomenten, leerstijlen en levenslessen beknopt samen:

Van buiten naar binnen naar buiten

Geestelijk volwassen worden is de ontwikkeling van rationalisme naar mystiek in bijbelse zin. De twaalf discipelen beginnen met de theologie van de heersende geestelijkheid, een theologie die het hele leven heeft dichtgetimmerd. Al het sprookjesachtige, wonderlijke en overvloedige is vakkundig uit het dagelijkse leven verwijderd. God is streng, ver weg en ontzettend heilig. Je kan maar beter niks verkeerd doen en je leeft vooral vanuit angst om te zondigen. Jezus prikt hier doorheen. Hij leert de twaalf discipelen dat God in geen enkele ratio te vatten is. God is de grote Andere. Hij is mysterieus en overvloedig. Aren plukken op de sabbat mag! Evenals genezen of boze geesten uitdrijven. Je hoeft niet sociaal wenselijk te denken en te praten. Leef je uit voor het Koninkrijk van God! Kijk niet op een zwijn meer of minder en vervloek een vijgenboom maar eens. Veeg de tempel schoon en als ze die weer volstouwen met koopwaar, dan doe je het de volgende keer gewoon weer!

De reis van de discipelen is een reis van buiten naar binnen. Het is een reis van de periferie naar de kern, het hart van God. Elke fase heeft zijn eigen kenmerken en uiteindelijk gaat de invloed van binnen naar buiten werken. De medestrijders gaan zelf discipelen opleiden en dat gaat op precies dezelfde wijze als Jezus dat met hen heeft gedaan. Je ontmoet mensen, mensen gaan jou navolgen zoals jij Christus navolgt, mensen worden je vrienden en tenslotte trek je samen op als medestrijders.

Training vanuit een vernieuwde identiteit

De manier van trainen die Jezus hanteert bij Zijn discipelen is bijzonder wijs. In het eerste opzicht lijkt het misschien dat Jezus Zijn discipelen alleen bepaalde 'handelingen' leert en daarbij vooral veel onderwijs in de vorm van preken en gelijkenissen gebruikt. In veel kerken werkt het trainen zo: men probeert het gedrag van christenen te veranderen door te vertellen wat wel en wat niet mag. Als daar strenge sancties aan worden gekoppeld, kan het werken – voor eventjes. Maar Jezus wil dat mensen diepgaand worden

	Inwijding	Manier van leren	Levenslessen	Bereikte identiteit	Duur (in de evangeliën)
Eerste fase: **Leven zonder God**	Je geboorte; er begint een leven van rennen, vliegen, vallen, opstaan en weer doorgaan.	Overleven	'Ik kan het niet alleen'.	Zoeker	Tot je Jezus ontmoet
Tweede fase: **Vreugdevolle kennismaking**	Een eerste ontmoeting met Jezus; Johannes 1:35-52	Los-vaste tijd met Jezus doorbrengen	Feest! Snelle resultaten	Bekende	Negen maanden
Derde fase: **Radicale keuzes maken**	Een bewuste beslissing om Jezus te volgen; Lucas 5:1-11	Vaste tijd met Jezus doorbrengen Kijken Luisteren	Radicaal kiezen Toewijding Heiliging	Volgeling	Negen maanden
Vierde fase: **Leren**	Een uitnodiging om 'bij Jezus te mogen zijn'; Marcus 3:13-19	Doen Vertrouwelijke informatie	Vertrouwen Creatief initiatief Nederigheid	Vriend	Anderhalf jaar
Vijfde fase: **Vruchtdragen**	Samensmelting tussen God en jou; Marcus 16:20	Verantwoordelijkheid en autoriteit dragen	Vrucht Verandering Kracht	Mede-strijder	Rest van je leven

veranderd: er moet meer veranderen dan alleen het gedrag.
Gedrag bevindt zich aan de 'oppervlakte' van het leven, maar gedrag is altijd een product van diepere overtuigingen. Onder het gedrag liggen gedachten en gevoelens. Onder de gedachten en gevoelens liggen weer onbewuste gedachtepatronen. Dat zijn gedachtepatronen waar je je vaak maar nauwelijks van bewust bent. Deze patronen oefenen alleen wel veel invloed uit op je leven. Nog dieper dan de onbewuste gedachtepatronen liggen je vooronderstellingen en overtuigingen. En dat alles is weer gebouwd op het fundament van je identiteit.
In de training van de discipelen begint Jezus niet bij de verandering van het gedrag. Hij begint bij het veranderen van de identiteit. Bij Simon komt dit het duidelijkst tot uiting. Meteen bij de eerste ontmoeting geeft Jezus hem al een nieuwe naam. Het concept van wedergeboorte laat zien dat het begin van een leven met Jezus bestaat uit een verandering van identiteit. De stap van *Leven zonder God* naar *Vreugdevolle kennismaking* bestaat uit een verandering van identiteit door Jezus aan te nemen in je hart. Vanuit de nieuwe identiteit wordt een nieuw leven opgebouwd. En daarbij focust Jezus, zeker in de fase van de *Vreugdevolle kennismaking*, op een verandering van vooronderstellingen en onbewuste gedachtepatronen. Bij de discipelen leven allerlei verkeerde vooronderstellingen over wie God is en wie zij zelf zijn. Met zijn eerste wonder rekent Jezus radicaal af met allerlei bekrompen vooronderstellingen die mensen over God kunnen hebben. Dit wordt verder uitgewerkt in hoofdstuk vier van dit boek. Nadat Jezus de nodige aandacht heeft besteed aan het veranderen van de vooronderstellingen en onbewuste gedachtepatronen leert Hij de discipelen in de fase van *Radicale keuzes* om vanuit het vernieuwde gedachteleven te leven. In de fase van *Leren* leert Jezus zijn discipelen om vernieuwd te denken en te handelen.
Na drie jaar intensieve training laat het boek Handelingen prachtkerels zien, die de wereld laten kennismaken met de God die het leven heeft bedacht en voorgeleefd. In de rest van dit boek worden de verschillende fases uitgewerkt. Steeds worden twee hoofdstuk-

ken aan één fase gewijd: het eerste hoofdstuk beschrijft de fase en het tweede hoofdstuk maakt heel praktisch hoe je de stap naar een volgende fase kunt zetten. Op die manier kan dit boek je helpen groeien in geloof. Je mag leren leven als leerling!

Eerste fase: Leven zonder God

Het deel *Leven zonder God* beschrijft de staat van iemand die Jezus nog niet persoonlijk kent. Ook wordt aangegeven hoe je God kunt ontmoeten en met Hem kunt gaan leven. Deze fase wordt beschreven in hoofdstuk 2 en 3 en gemarkeerd met een *gebroken hart*. Na hoofdstuk 3 vind je een gebed waarmee deze fase wordt afgesloten en de weg vrij is voor de volgende stap.

De dief komt niet dan om te stelen, te slachten en te verdelgen.
Jezus in Johannes 10:10

De spanwijdte van wat wij denken en doen,
wordt beperkt door dat wat wij niet opmerken.
En omdat wij niet opmerken
dat wij niet opmerken,
is er weinig dat wij kunnen doen
om te veranderen.
Tot we beseffen
hoe ons gebrek om op te merken,
onze gedachten en daden vormgeeft.
R.D. Laing

Kreunen is heimwee.
Mark Buchanan

Hoofdstuk 2

Leven zonder God

Er was eens een koning der Joden. Hij heette Chaim Rumkowski. Deze Joodse man was tijdens de Tweede Wereldoorlog door de Duitsers aangesteld als bestuurder van het Jodengetto in Lodz in Polen. Rumkowski wilde echter meer en benoemde zichzelf tot koning-president. Het ambt van 'oudste' in een getto was een twijfelachtige eer. Je was een marionet van de Duitsers. Ze gaven je een schijn van macht, maar gebruikten je vooral om het vuile werk op te knappen. Rumkowski echter was verzot op macht. Meedogenloos regeerde hij het op één na grootste Jodengetto. Hij liet munten drukken met verwijzingen naar zijn ambt. Postzegels kregen zijn beeltenis. Hij liet zich door de modderige gettostraatjes vervoeren in een oude koets, getrokken door een armetierig paard. Hij had zijn eigen politiemacht om de orde te handhaven, hij droeg een koningsmantel en hij liet kinderen gedichten en liederen componeren die zijn grootheid bezongen. Hij speelde zijn spel temidden van Duitsers en Joden. Hij duldde geen verzet van de Joden die zich kapot werkten in de Duitse fabrieken en massaal de hongerdood stierven. Eind 1944, toen duidelijk was dat Duitsland Polen zou verliezen, werd iedereen in het getto in Lodz, net als andere getto's, geliquideerd. Duizend mannen moesten achter blijven om alles wat van waarde was te ontmantelen en de sporen van de bloedbaden uit te wissen. Alle andere mensen, mannen, vrouwen en kinderen werden naar Auschwitz vervoerd om daar te worden vergast. Trein na trein vertrok.

Chaim Rumkowski, de koning der Joden, werd ook gedeporteerd. Hij had echter één laatste wens en die werd ingewilligd: een privéwagon. En zo kwam het dat een lange trein, de goederen- en veewagons volgestouwd met Joden, richting Auschwitz vertrok, met in de laatste wagon, de koning der Joden prinsheerlijk in een privéwagon. Chaim Rumkowski, de koning der Joden, met staatsie vervoerd naar de poorten van de brandende hel, waar hij net als de anderen de dood door vergassing zou ondergaan.

Onze natuurlijke staat

De psycholoog Mihalyi Csikszentmihalyi heeft een groot onderzoek naar de menselijke persoonlijkheid uitgevoerd. Duizenden respondenten kregen een wekker mee en als deze afging moesten ze opschrijven wat ze op dat moment deden, dachten en voelden. Een van de resultaten van het onderzoek betrof de 'staat van zijn' van mensen wanneer ze alleen zijn. Wat bleek? Als mensen alleen zijn, zonder geluid en zonder het gezelschap van andere mensen, dan gaan mensen zich helemaal met zichzelf bezighouden en drijft hun denken af naar ontevredenheid, naar een gevoel van onbekwaamheid en naar angst voor de toekomst. Csikszentmihalyi zegt:

> In tegenstelling tot wat we vaak aannemen is de normale staat van ons denken chaos. Als we alleen zijn en niets of niemand onze aandacht vraagt, komt de basischaos van ons denken aan de oppervlakte. Als we niks te doen hebben begint ons denken willekeurige patronen te volgen, die meestal stoppen bij iets dat pijnlijk is of ons onrustig maakt. Entropie – staat van verval – is de normale staat van ons denken.
>
> Om dit gevoel te voorkomen willen mensen hun denken bezighouden met welke informatie dan ook, als het onze aandacht maar van onszelf afleidt en we niet met die negatieve gedachten blijven zitten. Dit verklaart ook waarom we zoveel tv kijken, hoewel we er vaak weinig aan vinden.

Daarom sturen ouders kinderen vaak voor straf naar de gang of naar hun kamer. Wij ervaren het als straf om alleen met onszelf te zijn. De zwaarste straf voor de mens is eenzame opsluiting. Televisie is fijn als afleiding, zelfs als Oranje belabberd speelt of de film overbekend is.

Langs het leven heen leven

Waarom zijn wij bang voor de eenzaamheid en stilte? Blijkbaar leven wij met pijn. Blijkbaar zijn wij verwond. In momenten van stilte spelen onze wonden en pijn weer op. Als wij op onszelf aangewezen zijn hebben wij een onstuitbare neiging om langs het leven heen te leven. Blaise Pascal zei:

> We houden ons nooit bij het heden. We lopen vooruit op de toekomst, alsof die te langzaam komt en we haar gang willen versnellen, of we roepen het verleden terug, om het vast te houden omdat het te snel verdwijnt. Zo onbezonnen zijn we dat we ronddwalen in tijden die helemaal niet van ons zijn. (...) Dat komt doordat de tegenwoordige tijd ons meestal pijn doet. (...) Eenieder moet zijn gedachten maar eens onderzoeken: men zal merken dat die volledig in beslag worden genomen door het verleden of door de toekomst. (...) Op die manier leven we nooit, maar hopen we te leven, en omdat we altijd plannen maken om gelukkig te zijn, is het niet te vermijden dat we het nooit worden.

Wij leven in het verleden of de toekomst maar nooit in het heden en zo leven we eigenlijk langs het leven heen. We zijn altijd onderweg. Wanneer we ergens onze volledige aandacht bij moeten houden, zijn we met onze gedachten bij gisteren of bij morgen. We zijn bang voor het nu. Omdat het nu pijn doet. Omdat we ons zorgen maken en bang zijn om te vertrouwen. Omdat we onze Vader niet kennen en onvoldoende beleven. Op die manier bestaan we wel, maar we missen het Leven. Corrie ten Boom zei: 'Zorgen ontnemen morgen niet zijn verdriet, maar vandaag zijn kracht.' Geef gisteren toch niet teveel van vandaag!

Vluchten in een gedachtewereld

Je probeert altijd op een bepaalde manier met de gebrokenheid van je leven om te gaan. Als je gewond bent aan je rechterhand, wen je jezelf aan om te schrijven met je linkerhand. Als je je benen verloren hebt, leer je lopen op je handen. Zo gaan we ook om met innerlijke pijn. Die gebieden waar het pijn doet proberen we vakkundig te negeren. We proberen op andere gebieden te compenseren wat we kwijt zijn geraakt door pijn en wonden. Hier ontstaan veel ongezonde en schadelijke levenspatronen. Een van de voornaamste manieren waarop wij leren leven met pijn en wonden is door een eigen gedachtewereld te creëren. In die wereld leef je wel het leven waar je van droomt. Televisieseries die aan deze gevoelens appelleren, zoals Ally Mc Beal, The Gilmore Girls en Expeditie Robinson doen het daarom over het algemeen goed. Als het echte leven te onbevredigend is, vlucht je in surrogaat. Dan word je Walter Mitty.

> Hij trok zijn schouders achteruit en plaatste zijn hakken tegen elkaar. 'Jullie kunnen verrekken met je zakdoek', zei Walter Mitty minachtend. Hij deed nog een laatste trekje aan zijn sigaret en knipte de peuk weg. Toen, met die vluchtige vage glimlach rond zijn lippen, keek hij het vuurpeloton recht in de ogen. Kaarsrecht en onbeweeglijk, arrogant en geringschattend: Walter Mitty de Onoverwinnelijke, tot het laatste moment ondoorgrondelijk.

Walter Mitty leeft in vele verhalen. De gemene deler van deze verhalen is de gepassioneerde, onbaatzuchtige en heroïsche hoofdpersoon: Walter Mitty. De veelzijdigheid van deze held kent geen grenzen. Het is commandant Walter Mitty die met een watervliegtuig een orkaan trotseert voor een spectaculaire reddingsactie. Het is topspecialist Walter Mitty die een patiënt het leven redt op de operatietafel als 's werelds grootste medici de moed al lang hebben opgegeven.

Voor Walter Mitty is feit fictie en fictie feit. Feit is dat hij onder de plak zit bij zijn vrouw. Dat hij iedere week voor haar chauffeur mag spelen terwijl zij de kapper of drogist bezoekt. Dat hij door haar op pad wordt gestuurd om hondenkoekjes te halen... Onderwijl droomt Walter Mitty de grootste dromen. Dromen die de diepste waarheden over zijn leven onthullen.

Wij zijn Walter Mitty. We hebben zo onze dagdromen waarin wij de held of de schoonheid of de beroemdheid zijn. Onze dagdromen vertellen ons wie wij ten diepste willen zijn. Jij bent niet gemaakt voor een leven in pijn en gebrokenheid. Jij bent gemaakt om fantastisch te sporten, om straaljagerpiloot te worden, of om mensenlevens te redden op de operatietafel. Jij bent gemaakt om heldhaftig te sterven voor een doel groter dan jezelf en jij bent gemaakt om je leven te geven voor kinderen die nog niet voor zichzelf op kunnen komen.

Wij zijn niet de grootste

Wat is er zo eng dat wij bang zijn om alleen te zijn? Wat is er zo saai, in deze wereld boordevol mogelijkheden, dat wij vluchten in een gedachtewereld?

Wij ervaren onveiligheid en zinloosheid. Toch leven we alsof wij de grootste zijn en ons leven helemaal in de hand hebben. Onze angst en verlorenheid weten wij vakkundig te verbergen. Een groot deel van wat 'volwassen worden' genoemd wordt, is niets anders dan het leren verbergen van wat er echt in je omgaat. Een kind kan zijn gevoelens en innerlijke staat nog niet verbergen. Als een kind blij is, dan spat de blijdschap uit alle poriën. Als een kind verdrietig is, dan communiceert het één en al verdriet. Een kind kan niet verbergen hoe het zich van binnen voelt. Naarmate je ouder wordt leer je steeds beter verbergen wat er in je omgaat. Je leert een masker te dragen, je gevoelens niet te tonen, je groot te houden. Alle afleiding en prikkels die wij in ons leven toelaten, zorgen dat wij er toch vaak in slagen ons voor te doen als koning in ons eigen rijk. We lijken verdacht veel op Mohammed Ali, de grote bokser. Toen hij een keer per vliegtuig onderweg was weigerde hij zijn stoelriem vast te maken. De stewardess wees hem vriendelijk op de noodzaak ervan, waarop Mohammed Ali antwoordde: 'Superman heeft geen stoelriem nodig.' De stewardess reageerde gevat: 'Superman heeft ook geen vliegtuig nodig.'

We beseffen onvoldoende dat vrijwel alle belangrijke zaken in ons leven volkomen onbeheersbaar en oncontroleerbaar zijn. Zaken als vrede, veiligheid, liefde, geluk en kracht kunnen wij niet maken. Ook kunnen we het niet vasthouden. Voor al die zaken die wij echt belangrijk vinden zijn wij afhankelijk van machten buiten onszelf. Dat geldt zelfs voor meer basale zaken als energie, elektriciteit, recht en veiligheid op straat. We zijn veel afhankelijker van andere mensen, instanties en machten dan we graag toegeven.

Missen wij iets?
Hebben wij een duidelijke kijk op onszelf en de realiteit? Of missen wij belangrijke hints?
Het citaat van R.D. Laing is veelzeggend:

> De spanwijdte van wat wij denken en doen,
> wordt beperkt door dat wat wij niet opmerken.
> En omdat wij niet opmerken
> dat wij niet opmerken,
> is er weinig dat wij kunnen doen
> om te veranderen.
> Tot we beseffen
> hoe ons gebrek om op te merken,
> onze gedachten en daden vormgeeft.

We missen iets. Maar wat? Weet je wat we ten diepste missen?
Heelheid. Een thuis. Liefde.
God. We missen God.
En we missen de hemel.
Dagelijks spreken wij allemaal de taal van de hemel die uiting geeft aan ons grote verlangen naar de ultieme heelheid, het ultieme thuis, de ultieme liefde en het ultieme avontuur. Het is de taal van de zucht. 'Kreunen is heimwee.' Het is de zucht van de moeder die weer te vroeg op moet om de kinderen naar school te kunnen helpen. Het is de zucht van de man die weer in de file staat. Het is de zucht van de jongen die weer als laatste wordt gekozen bij het sporten op school. De zucht communiceert ons verlangen naar de hemel. De Bijbel zegt:

> Wij weten dat de hele schepping nog altijd als in barensweeën zucht en lijdt. En dat niet alleen, ook wijzelf, die als voorschot de Geest hebben ontvangen, ook wij zuchten in onszelf in afwachting van de openbaring dat we kinderen van God zijn, de verlossing van ons sterfelijk bestaan.

Het verlangen naar de hemel zit diep in ons systeem. God heeft ons zo gemaakt dat we vroeg of laat gaan opmerken dat we leven zonder God en op zoek gaan naar een realiteit die het aardse leven ver overstijgt.
De Bijbel bevat een levensexperiment van een man die alles op aarde had wat een man mogelijkerwijs maar kan hebben. Het is Salomo, de Prediker. Hij bouwde en brak af, voerde oorlogen en sloot vrede, had duizend vrouwen en meer, bezat onafzienbare rijkdommen en was wijzer dan wie dan ook. 'En toch', zegt hij dan, 'is alles niet meer dan lucht en leegte want God heeft de eeuwigheid in ons hart gelegd.'

De strijd om jouw leven
Er is iemand die geniet van jouw pijn. De belangrijkste reden daarvoor is dat jouw pijn de pijn van jouw Vader is. Er is iemand die God tot in het diepst van zijn wezen wil treffen. Het is de satan.
We komen de satan in de Bijbel op verschillende momenten en in verschillende rollen tegen. In het paradijs is hij de verleider. Door te spelen met waarheid en leugen beweegt hij de mens ertoe te zondigen. De satan is sluw. Hij komt niet bij je aan zetten met argumenten waar je sowieso 'nee' tegen zegt. Net als bij Eva probeert hij eerst met je in gesprek te raken door bijna-waarheden. Bij zijn poging tot verleiding van Jezus in de woestijn gebruikt de satan zelfs bijbelteksten! Wees dus op je hoede met betrekking tot waarheid en leugen. Als iets voor vijfennegentig procent waar is en voor vijf procent een leugen, dan is het een hele leugen!
Verderop in de Bijbel komt de satan naar voren als de aanklager, bijvoorbeeld bij Job en bij Jozua. De satan speelt de rol van de Gestapo. Hij is de bloedhond op zoek naar een spoor van zwakheid of zonde en hij zal dat uitbuiten zoveel hij kan.
Het Griekse woord voor duivel is *diabolos*. Het woord komt van: haten, aanklagen uit vijandschap, aanbrengen. Een *diabolos* is een lasteraar; iemand die uit vijandschap valse beschuldigingen uitspreekt. Naast het aanklagen bergt het woord ook 'uit elkaar gooien', 'verwarren' en 'tegen elkaar uitspelen' in zich. De duivel

probeert via Petrus Jezus bij het kruis weg te houden. De satan brengt in Handelingen Simon de tovenaar tot een 'warnet van ongerechtigheid'. Hij verleidt Ananias en Saffira om te liegen over de opbrengst van hun land. Hij laat geen strategie onbenut om mensen in verwarring te brengen om zo uiteindelijk de heelheid en goedheid van God te frustreren. Hij wil kapot maken.

De Bijbel geeft verschillende voorbeelden van de effecten die duivelse machten op mensen kunnen hebben. Door duivelse invloeden kunnen mensen depressief worden, zie het voorbeeld van Saul. Mensen kunnen doof worden, of stom. Ze kunnen te maken krijgen met epileptische aanvallen of ziekte. Let wel, niet alle doofheid is het werk van duivelse machten. Ook niet elke epileptische aanval is het werk van de duivel. De voorbeelden geven wel aan dat de satan mensen op velerlei gebied ziek en kapot kan maken.

Openbaring 12 geeft ons verdere informatie over de satan. Waar is hij? Hij is op de aarde geworpen. Hoe voelt hij zich? Hij is woedend! Op wie heeft hij het vooral gemunt? Op de mensen die geloven. Waarom? Hoe kun je God meer kwetsen dan wanneer je zijn kinderen pakt, ze uitholt, kapot maakt, uiteen scheurt en verminkt wegwerpt? Hoe kun je een vrouw dieper kwetsen dan door haar kinderen voor haar ogen te martelen en te doden? Hoe kun je een man dieper kwetsen dan door zijn vrouw voor zijn ogen te verkrachten en te vermoorden? De satan wil God zo diep mogelijk treffen. Dat kan het beste door vooral Gods kinderen, maar ook de hele mensheid, kapot te maken.

Van volmaakt naar gebroken

De mens is de kroon op Gods schepping. In Genesis 1 en 2 heeft God alles voortreffelijk gemaakt. Nadat de vrouw is gemaakt, het symbool van schoonheid en gratie, kan God gaan rusten. Alles is onvoorstelbaar goed gemaakt.

Maar de zonde maakt alles kapot. De dood komt de wereld in. Het patroon van geweld begint. Kaïn doodt Abel. Lamech bezingt zijn eigen gewelddadigheid. En een paar hoofdstukken verder heeft God al spijt van het scheppen van de mens omdat de aarde vol

boosheid en geweld is. Via Noach maakt God een nieuwe start. Maar al snel gaat het weer bergafwaarts.
Midden in de Bijbel staat dan in Psalm 8 een wonderlijke zin:

> Toch heeft U de mens bijna goddelijk gemaakt, hem gekroond met glans en glorie, hem toevertrouwd het werk van uw handen en alles aan zijn voeten gelegd: schapen, geiten, al het vee, en ook de dieren van het veld, de vogels aan de hemel, de vissen in de zee en alles wat trekt over de wegen van de zeeën (vers 6-9).

Het is alsof er nooit een zondeval heeft plaatsgevonden. Wat is de mens nog bijzonder. Wat is de mens nog groots. Niets van de schepping kan de mens evenaren. Psalm 8 is een echo van Eden. Een herinnering aan de tijd dat alles nog goed was. Maar wat schept de satan er een behagen in om de mens kapot te maken en zo God te treffen. In het bijzonder moeten vrouwen en kinderen het ontgelden. In China worden meisjesbaby's massaal geaborteerd omdat de ouders in hun één-kind-gezinnen een jongetje willen. In India worden meisjes die onvoldoende bruidsschat meebrengen massaal mishandeld of verbrand. Kinderen worden misbruikt, mishandeld, verhandeld of als slaaf gebruikt. Wat is dat voor een macht die het gemunt heeft op vrouwen en kinderen? Het is de kapotmakende macht van de satan.

De Koning der Joden

Er was eens een Koning der Joden. Hij heet Jezus Christus. Hij is gekomen om alles nieuw te maken. Hij komt niet met kletspraat, maar Hij komt met waarheid over een realiteit waar wij aan voorbij gaan. Hij komt om middelmaat te vervangen door kwaliteit. Hij komt om pijn en gebrokenheid te genezen. Hij is gekomen om doden tot leven te wekken. Hij is gekomen om mannen en vrouwen weer te laten vruchtdragen. Zijn leven is groots en meeslepend, en tegelijk heel persoonlijk en aandoenlijk. Het hele leven van Jezus is één uitbarsting van levenskracht, energie en bravoure. Hij is geliefd bij de vrouwen en Hij wordt gerespecteerd bij de mannen. Kinderen zijn dol op Hem en jong en oud zoekt zijn raad. In Psalm 8 zagen we een glimp van de oorspronkelijke glorie van de mens, door God zo geschapen. In Jezus Christus geeft God de mensen hun oorspronkelijke en bedoelde identiteit weer terug.

> Want om vele kinderen in zijn luister te laten delen achtte God, voor wie en door wie alles bestaat, het passend de bereider van hun redding door het lijden naar de uiteindelijke volmaaktheid te voeren. Hij die heiligt en zij die geheiligd worden hebben één en dezelfde oorsprong, en daarom schaamt hij zich er niet voor hen zijn broeders en zusters te noemen.

Door Jezus' leven hebben alle mensen die Hem hebben aangenomen dezelfde oorsprong als de Koning der Joden zelf. Jezus heeft het lek boven water gekregen en het ook verholpen. Hij heeft een leven vol sprankeling, trouw en creativiteit voorgeleefd. En door zijn leven is het beeld van de oorspronkelijke schepping in de mens weer hersteld. We zijn nieuw gemaakt. Psalm 8 is niet alleen een echo, maar ook nu nog waar: 'Wij zijn bijna goddelijk gemaakt en met heerlijkheid en eer gekroond.' Wanneer je jouw leven overgeeft aan Jezus word je zijn broer, zijn zus. Je krijgt een nieuwe identiteit.

Wat niet bij Jezus past

Bij Jezus hoort léven, rennen, lachen, helpen, avonturen beleven en vrolijk zijn. Bij Jezus hoort de vaart van het evangelie van Marcus, de fijngevoeligheid van het evangelie van Lucas, de koninklijke waardigheid van het evangelie van Matteüs en de goddelijkheid van het evangelie van Johannes!

Wat niet bij Jezus past, is het kruis.

Het past niet bij Jezus dat Hij in elkaar wordt geslagen en verminkt wordt. Gedurende zijn leven durft niemand Hem wat te maken. Er worden vaak moordaanslagen op Hem beraamd, maar Hij overleeft ze allemaal. Eén blik van zijn ogen is voldoende om heelhuids door een menigte mensen die Hem wil lynchen, heen te lopen. Jezus is voor niets en niemand bang. Hij is niet bang voor de hogepriesters, de schriftgeleerden en de Farizeeën. Hij is niet bang voor bezetenen of voor de demonen. Hij is zelfs voor de satan niet bang.

Jezus is nooit bang...
Of toch wel? Eén keer is Jezus wel bang. Hij kronkelt door het stof. Hij smeekt met hartverscheurend snikken. Hij zweet bloed. Eén keer is Jezus bang. Het is in de hof van Getsemane. Want daar ontmoet Jezus zijn Gelijke. Daar ontmoet God God. God, zijn Vader vraagt Hem de beker te drinken.
De beker.
De beker van de tomeloze woede van God over de zonde van alle mensen van alle tijden. De beker van de wraak van God over al het onrecht dat Hem en zijn schepping is aangedaan. Jezus is nergens bang voor, behalve voor het ondergaan van de woede en wraak van zijn Vader.
Zijn Vader vraagt Hem: 'Drink.' En Jezus smeekt: 'Alstublieft Vader, laat deze beker toch aan Mij voorbij gaan.' En dan, met een bovenmenselijke krachtsinspanning: 'Maar niet Mijn wil, maar de Uwe geschiede.' En de Vader fluistert weer, met een van tranen verstikte stem: 'Mijn Zoon, drink.'

De zwartste dag
Jezus had weg kunnen lopen. Zonder problemen. Als de soldaten – zo'n 600 man, dat zegt wel wat over het enorme ontzag dat ze voor Jezus hadden – Jezus gevangen nemen, is zelfs een woord van Hem voldoende om het hele cohort op de grond te laten vallen. Jezus moet ze bij wijze van spreken zelf op de been helpen en gerust stellen. Ongeveer zoals Gulliver bij de dwergen: 'Oké jongens, rustig maar, ik zal jullie geen kwaad doen. Pak me maar.'
De soldaten pakken Jezus. Hij laat zich slaan. Hij laat zich bespugen. Hij laat zich geselen. De scène in de film *The Passion of the Christ* is hartverscheurend. Mel Gibson weet het treffend weer te geven. Als Jezus met zwepen tegen de grond geslagen wordt, staat Hij weer op. Hij staat op, want Hij is sterk! Hij is moedig. Hij is de Man der mannen!
In zijn boek *Nacht und Nebel* vertelt Floris Bakels hoe hij tijdens de Tweede Wereldoorlog gevangen zit in concentratiekamp Natzweiler. De gevangenen worden gebruikt als slaven in een nabij ge-

legen steengroeve. Het sterftecijfer is schrikbarend hoog. Bij bosjes worden de gevangenen *fertiggemacht*. Soms laten SS'ers gevangenen 'vliegen'. Ze gooien ze van de top van de steengroeve naar beneden.

Op een dag marcheren Floris en Jan Koet, een vriend van hem, in een grote stoet het kamp uit, op weg naar de steengroeve.

> 'Golgota', zeg ik zacht tegen Jan Koet die naast mij klimt. 'Maar Hij was onschuldig, wij zijn schuldig, zij het niet jegens de mof. En Hij was bijna alleen, wij zijn met honderden. En Hij klom naar zijn vermoording, wij zullen vandaag misschien overleven. En als dit allemaal niet waar is – *Hij klimt mee*.'

Jezus sterft als een vervloekte aan een kruis. Hij is zonde geworden. Hij draagt alle schuld van de zonde van de gaskamers van Hitler. Alle schuld van de zonde van de Goelagarchipel van Stalin en Lenin. Alle schuld van de zonde van de bewuste hongersnoden van Mao. Alle schuld van de zonde van de bendeoorlogen in de favela's. Alle schuld van de zonde van de pooiers die beschadigde meisjes aan de drugs helpen. Alle schuld van de zonde van het lynchen van de zwarte bevolking in Amerika en Zuid-Afrika. Alle schuld van de zonde van de slachtingen in Rwanda. Alle schuld van onze persoonlijk saaie of spectaculaire zonde. Jezus heeft alle zonde aan het kruis gedragen. Hij heeft de hele beker vol gramschap leeggedronken.

Aan het kruis klonk het door de kosmos: 'Schuldig! Schuldig! Schuldig!' Jezus' lichaam werd één grote, duistere samenballing van zonde. Wat een paradox. Juist Diegene die nooit iets verkeerd heeft gedaan krijgt de schuld van alles wat iedereen ooit verkeerd heeft gedaan.

En de woede van God begint te stromen. De beker vult zich met de bruisende, schuimende wijn van Gods wraak en tomeloze woede. En het lichaam begint te schokken. De lippen die zoveel zielen hebben gezegend beginnen te barsten. De handen die zovelen hebben gevoed schieten in een kramp. De voeten die over water hebben gelopen, beginnen te scheuren. De mond waaruit zoveel leven is gestroomd, verdroogt. En niemand die het heeft gehoord zal ooit de woorden vergeten die Jezus uitschreeuwt: 'Mijn God, mijn God, waarom heeft U Mij verlaten?' Het is het gebed van het verraden en verlaten kind. Het is het bonzen op de deur door de jongen die doodsbang naar huis rent omdat grote jongens hem in elkaar willen slaan. Maar het enige dat de jongen ziet is dat zijn vader de koptelefoon opzet om het lawaai van zijn zoon maar niet te hoeven horen. Jezus bidt: 'Mijn God, mijn God, waar bent U? Als U de God bent van de hemel, wees dan ook alstublieft de God van de hel waar Ik mij momenteel bevind.'

Jezus sterft als een Man. Stervend zorgt Hij nog voor zijn moeder en Hij zegt tegen haar en Johannes: 'Vrouw, zie uw zoon. Zoon, zie uw moeder.' Hij sterft met eer en weigert de verdovende wijn. Hij geeft zijn leven.

De kortste dagen ooit

Dan beginnen de drie kortste dagen ooit! Jezus is op vrijdagmiddag tussen 15.00 uur en 18.00 uur gestorven. De hele zaterdag ligt Hij in het graf. En zondag, nog voor de zon op komt, is Hij daar al niet meer. Hij kan niet wachten. Het moeten drie dagen zijn, zo is het voorspeld. Maar dan wel de drie kortste dagen ooit! Want de dood past niet bij de God van het Leven! Jezus is de Heer van de levenslust en de Koning van de levenskracht!

Wat wel bij Jezus past

Als het kruis het belangrijkste doel van Jezus is, waarom is Hij dan niet als een soort volgroeide superman naar de aarde gekomen om zo snel mogelijk te sterven aan het kruis? Waarom een leven van meer dan dertig jaar? Waarom helemaal mens worden en drie volle jaren optrekken met mannen en vrouwen die Hem totaal niet op waarde wisten te schatten?

Om de woorden van Jezus zelf te gebruiken:

Ik ben gekomen om hun het leven te geven in al zijn volheid.

Jezus is gekomen om mensen, ronddwalend zonder God, Thuis te brengen. God wil jou ontmoeten. Jezus is gekomen om mannen en vrouwen in alle tijden hun ware identiteit terug te geven. Vanuit de nieuwe identiteit wil Hij de vooronderstellingen over God en het leven veranderen en Hij wil iedereen leren leven zoals Hij. Het volgende hoofdstuk vertelt het verhaal van een gebroken man. Een man die leeft zonder God. Zijn ontmoeting met Jezus plaatst hem voor een keus. Wat zal hij kiezen?

Alles is gereduceerd tot het niveau van 'tot op zekere hoogte'.
Kierkegaard

De schamelheid van ons zedelijke bevattingsvermogen,
de onbekwaamheid de diepte te voelen
van de ellende die door ons eigen falen veroorzaakt is,
is een feit dat geen drogreden kan ontkrachten.
Abraham Joshua Heschel

Sometimes you're further than the moon.
Sometimes you're closer than my skin.
And my heart burns for you.
Delirious?

Hoofdstuk 3

De man die niet kon kiezen

‘Wat is waarheid?’, vraagt Pilatus, de bestuurder van een stoffige uithoek van het grote Romeinse rijk, aan de man met de gespleten lip, het gezwollen blauwe oog en de gekneusde ribben.
Een onbeschrijfelijk ogenblik staan de twee tegenover elkaar in de privé-vertrekken van Pilatus. Buiten bij het gerechtshof, staat een woedende menigte die om het leven van de gewonde en gekneusde man schreeuwt. Binnen staat de tijd stil.
Pilatus wil bepalen of de man met de gespleten lip, het gezwollen oog en de gekneusde ribben inderdaad gevaarlijk is, of dat hij Hem kan laten gaan. Maar Pilatus ontdekt ook iets heel anders. Hij ontdekt iemand die groter is dan hijzelf. Aan alles merk je dat Pilatus van zijn stuk is gebracht en met de situatie verlegen. Maar niet alleen deze man is groter dan hijzelf. De menigte die buiten joelt om de marteldood van de man is ook groter dan Pilatus.
Pilatus bevindt zich in het nauw. Het is het uur van de waarheid voor hem. Keuzes die hij nu maakt zullen de rest van zijn leven bepalen.

‘Wat is waarheid?’
De twee staan tegenover elkaar en de vraag blijft hangen in de lucht. De stilte duurt één seconde. De stilte duurt duizend jaar.
Stilte is eng. Vooral voor gebroken mensen. Stilte zegt zo veel. Dus draait Pilatus zich om en loopt, nee, hij vlucht weg. Maar buiten wordt hij weer overvallen door de woedende menigte. Het antwoord van Jezus, de man met de gespleten lip, het blauwe oog en de gekneusde ribben dondert na.
‘Wat is waarheid?’
Eeuwenlang al wordt die vraag herhaald: wat is nu de waarheid?

En dan bedoelen we niet 'de waarheid' dat bedrijfsconferenties belangrijk zijn omdat ze laten zien hoeveel mensen een bedrijf op enig moment kan missen, of de waarheid dat een scherpschutter beter niet tegen zijn vrouw kan zeggen dat hij haar gemist heeft. Het gaat hier over de grotere waarheid. Wat is de waarheid over ons leven, over deze wereld, over God, en over de hemel en de hel. Wat is dé waarheid over de waarheid?

Een wonderlijk gesprek
Het gesprek tussen de twee verloopt wonderlijk. Pilatus opent met een stoere directe vraag: 'Bent U de koning van de Joden?'
Het ontwijkende, terugkaatsende antwoord van Jezus maakt Pilatus boos: 'Ik ben toch geen Jood! Ik heb toch geen baard, ik zie er toch niet uit als dat heetgebakerde stelletje daar buiten!'
Weer stelt Pilatus een vraag: 'Maar wat heeft U dan gedaan?'
En weer geeft Jezus een antwoord dat geen rechtstreeks, maar een groots, overschrijdend antwoord is: 'Mijn koningschap heeft kosmische proporties! Wij spreken hier niet over landjepik, provincies of dat soort kleinzieligheden. Mijn koningschap stijgt daar ver boven uit. Let wel, Ik ben Koning van een groots en overweldigend koninkrijk.'
Het duizelt Pilatus.
Hier is veel om over door te vragen. Veel dat boeit.
Pilatus zou veel goede vragen kunnen stellen, maar hij stelt vooral de verkeerde. Later, als het te laat is, stelt hij betere vragen. De vraag die Pilatus dan stelt: 'Maar vertel me nu, waar komt U dan vandaan?', dat is een goede vraag. Dat is een vraag waar hoop en geloof uit spreekt. Maar Pilatus komt nu niet verder dan: 'U bent dus koning?'
Weer een ontwijkend antwoord van Jezus. En dan, volkomen onverwacht en zo op het eerste gezicht helemaal niet nodig, begint Jezus over de waarheid.
Pilatus lijkt lamgeslagen. Hij weet zich geen raad met de situatie. Er klinkt wanhoop door in zijn vraag. Pilatus die bereid is zijn leven te geven voor een Romeins rijk dat beweert de waarheid te

zijn, heeft zijn leven lang nog geen bevredigend antwoord gekregen op DE vraag. Nog steeds brandt de vraag: 'Wat is dan waarheid?' De schouders gaan hulpeloos omhoog, de vraag komt er moedeloos uit en Pilatus sloft weg. Jaren ouder en verder weg dan ooit. Even onverwacht als Jezus is begonnen over de waarheid kan Hij nu een antwoord achter Pilatus aan roepen. Jezus kan iets zeggen dat Pilatus' aandacht trekt en hem doet terugkomen. Maar het blijft stil. En dit zwijgen van Jezus dendert de eeuwen door.

Sommige schrijvers hebben Jezus antwoorden in de mond gelegd. Jezus antwoordt dan in de trant van: 'Waarheid? Dat kun je alleen in de hemel vinden.' Of: 'Waarheid? Ik ben de waarheid.'

Het blijft stil.

Wat is de waarheid over het leven? Wat is de waarheid over God?

Luister maar.

Kijk maar.

Voel maar.

Stilte is moeilijk, want stilte spreekt zo luid. Stilte zegt zo veel.

Je leest nu dit boek en alleen God weet hoe jij je nu ten diepste voelt. Jij hebt je eigen verhaal. Misschien ben je onverschillig? Je leest dit boek wel, maar misschien leg je het zo wel weer weg. Misschien ben je wanhopig? Je wilt zo graag de waarheid over God horen, want je zoekt al zo lang. Misschien ben je kritisch? Je bent al zo vaak met een kluitje het riet in gestuurd. Misschien heb je een zware week gehad, en zie je het nauwelijks meer zitten? Misschien zie je juist enorm op tegen de uitdagingen van de komende week? Misschien ben je euforisch of juist doodmoe van de eindeloze gebrokenheid en desillusie in je leven: dat je nog steeds kleine dingen uit de winkel steelt, of dat je worstelt met homoseksuele gevoelens of dat je zo onzeker bent?

Wij zijn personen die leven in de wereld, maar er leeft ook een wereld in ons. In ons leeft een wereld vol herinneringen, heerlijkheid en tragiek, leugen en waarheid. Wij dragen die wereld met ons mee zoals een slak zijn huis. Wij zíjn een wereld. Overal waar wij gaan, dragen we die innerlijke wereld met ons mee en we worden doodmoe.

Wij zijn lek. Wij bloeden.
Een klein beetje.
Veel.

Slecht nieuws

Voordat het evangelie van Jezus Christus goed nieuws is, is het eerst slecht nieuws. Het slechte nieuws van het evangelie is dat wij kapot zijn. Wij zijn slecht, verdorven en we halen het in ons eentje niet. Wij hebben ons gesneden. Uit opwinding. Uit onnadenkendheid. Uit verveling. Uit wanhoop... Wij willen zoveel of we willen zo weinig, maar ergens is het fout gegaan, en goed ook. De Bijbel is duidelijk in Romeinen 3:23:

'Allen hebben gezondigd en missen de heerlijkheid van God.'
Wij hebben allemaal gezondigd. Wij bloeden allemaal. Wij zijn kapot.

De waarheid van de realiteit

Pilatus wil van Jezus weten: 'Wat is waarheid? Het onderwijs van Plato? Van Socrates? Van de keizer? Van Billy Graham? Van Balkenende?' Jezus laat hem zien: 'De waarheid, dat ben jijzelf. Jouw hele leven. Al jouw bloeden, lekken, hopen en bidden. Vóór het evangelie goed nieuws is, is het jouw nieuws.'
Je kunt hier de uitspraak van Jezus aanhalen waarin Hij zegt: 'Ik ben de waarheid.' Natuurlijk is Jezus de waarheid. Hij is de ultieme waarheid. Wil je de waarheid leren kennen? Leer dan Jezus kennen. Maar het is ook wat makkelijk. Jezus wil juist Pilatus en iedereen die naar hun gesprek luistert, wijzen op de waarheid die je ontdekt in de stilte. Het is de waarheid van de harde realiteit van het leven. Daarom kun je zeggen: 'Jij bent de waarheid. Jouw hele, mooie en kapotte leven is de waarheid. Al jouw heldendaden en al jouw beschamende lafheid is de waarheid. Jouw hele slakkenhuis vol dubieus verleden, vertwijfeld heden en onzekere toekomst is de waarheid. Jouw gedachten en mijmeringen op de zeldzame stille momenten, dat is de waarheid.'
Het evangelie van Jezus Christus, de koning van het heelal, dat is

de waarheid. Het goede nieuws van de bloedende Jezus aan het kruis, bloedend voor jouw bloeden, bloedend door jouw bloeden, dat is de waarheid.

Het journaal van acht uur is de waarheid. Het nieuws, maar dan met het geluid uit. Beelden zonder geluid. Gebroken glas. Een huilende vrouw. Rennende mannen. Scheurende auto's. Uitslaande vlammen. Verwrongen staal. De man in het nette pak die recht in de camera kijkt. Deftige heren en dames die in de microfoon praten. Netjes en beschaafd, maar duidelijk. Mensen op een stretcher. Mensen met pijn. Kapotte mensen. Belangrijke mannen die hun woordje doen. Bewolking met af en toe een regenbui. Een meisje dat viool speelt. Een oude man met een witte baard en een rode mijter die uit zijn boot stapt. Mensen die blij klappen.

Dat allemaal is de waarheid.

En Sint Maarten is de waarheid. De twee broertjes zijn een exacte kopie van elkaar. De stekels recht overeind. De tanden lekker schots en scheef in de mond. De jongste een jaar of vijf, de oudste een jaar of zeven. De lantaren stevig in de hand. Het snoep is al gespot en nu maar snel zingen: 'Sint Maarten, Sint Maarten, de koeien hebben staarten, de…' 'He!', zegt de jongste tegen de oudste: 'We zouden toch een ander liedje zingen?' en hij wil overnieuw beginnen. Maar de oudste bijt hem toe: 'Sst, doorzingen, nu maken we dit liedje af' – want anders kost het teveel tijd en dus snoep. En de jongste gehoorzaamt gedwee en zet weer in: 'De meisjes hebben rokjes aan, daar komt Sint Martinus aan.' Ook in dit heel kleine voorval schuilt zo veel waarheid.

Waarheid vind je in de stilte

Voordat het evangelie van Jezus Christus begint te spreken is er stilte. De stilte van jouw leven. De stilte van jouw eenzame nachten of mijmerende momenten. De stilte van de aanwezigheid van God en de stilte van de afwezigheid van God. De stilte van jouw vreugde en de stilte van jouw verdriet. De stilte waar je zo bang voor bent.

De stilte van alle vragen die je stelt. De stilte van alle vragen die je diep van binnen zou willen stellen, maar waarvan je niet weet hoe die te verwoorden. De stilte van al jouw overwinningen. De stilte van al jouw schaamte. De stilte van al jouw bloeden. De stilte van al jouw mislukkingen en zonde.

In de stilte vind je God

De Bijbel zegt in Psalm 46:10: 'Wees stil en weet dat Ik God ben.' Word stil en laat een heleboel dingen voor wat ze zijn. Even niet die invasie van prikkels op je innerlijk. Even rust. Even alleen in een kamer met Jezus. En besef dan heel diep vanbinnen dat God *is*.

Dat is moeilijk. Er vindt dan strijd plaats. Dat is geen mooie bewoording voor iets wat eigenlijk toch niet gebeurt. Er vindt echt een strijd plaats. Op leven en dood. Bitter. Scherp. Het is de strijd van Pilatus.

De strijd

Buiten staat de menigte. De menigte is, zoals veel menigten, iets vreemds. De menigte is een brullend beest. De menigte is meer dan de som der delen. De menigte is een bloeddorstig monster. De menigte is buitenproportioneel kwaad.

Het is begrijpelijk dat mensen kwaad worden op Jezus. Hij kan nu eenmaal enorm scherp en duidelijk zijn. Dat kan mensen diep raken en sommigen worden dan kwaad. Maar de woede en bloeddorst van deze menigte is niet redelijk. Alle grenzen zijn weg, het hek is van de dam en de menigte wil maar één ding: Jezus moet bloeden. Jezus moet schreeuwen van pijn. Jezus moet creperen onder hun ogen. Het ergste is nog niet goed genoeg voor Jezus. Hij moet weg en dood.

Mensen die zo fel reageren op Jezus zijn doorgaans mensen van 'binnen'. De echte atheïst is niet bang voor Jezus want Hij is toch geen God. De echte ongelovige heeft geen enkele reden om kwaad te worden op Jezus, want voor hen is Hij hoogstens een soort Theo van Gogh, iemand met een soms irritante mening. Hij roept wel een heleboel, maar vrijheid van meningsuiting is nu een-

maal een groot goed in ons land.
Nee, de mensen die zo fel op Jezus reageren zijn de mensen van 'binnen'. De mensen die beseffen dat Hij groter is dan zij allemaal bij elkaar, maar het niet kunnen verkroppen. Ze vinden het niet eerlijk, ze voelen zich gekrenkt en daarom reageren ze buitenproportioneel. Het zijn de mensen die van Hem hebben gehouden. Of de mensen die van Hem zouden willen houden, maar niet weten hoe.
Stel, je hebt een relatie en het gaat uit. Twee weken later hoor je dat jouw ex met een ander is uitgeweest. Dan reageer jij veel heftiger dan iemand die jouw ex alleen maar heel oppervlakkig kent. Vanwege je geschiedenis met je ex ben je niet objectief en reageer je waarschijnlijk (veel te) heftig.
Zo hier de menigte. Jezus moet dood en Jezus moet weg.
De menigte staat buiten te joelen.
En binnen staat Jezus.
Zijn handen zijn gebonden. Zijn rug is stuk geslagen. Zijn ogen zijn gezwollen door gebrek aan slaap. Hij staat daar, zoals alleen een mens kan staan die net zwaar mishandeld is en die een nacht niet heeft geslapen. Maar dat niet alleen. Hij zegt dingen die je een ongemakkelijk gevoel geven. 'Ik ben Koning over een Rijk dat niet alleen het aardse omvat, maar het verre overstijgt. Ik heb de waarheid in pacht. Ik ben de ultieme Koning.'
Steeds weer is Jezus zo. Majestueus. Groots. Meeslepend. Overweldigend. En tegelijk zo ontzettend gewoon. Zo gewoon als de vuilnisman op maandagochtend en de moeder die haar kind in bed stopt voor de nacht.
We zien nog zo'n beeld van Jezus, maar dan in de hemel. Daar staat Hij weer. In het midden van een ontzagwekkend schouwspel met schitterende wezens en ongelofelijke pracht en praal. Hij staat daar in het midden van een gigantische troon, het symbool van de absolute macht van de Koning van hemel en aarde. Hij staat daar als een Lam. Een lam is heel gewoon. Aaibaar. Lief. Het Lam staat daar als geslacht. Het spoor van zijn bloeden voor ons bloeden, is nog zichtbaar.

Zo is God. Hij is zo ver weg en zo ontzettend dichtbij.
Delirious? zingt het treffend: '*Sometimes you're further than the moon. Sometimes you're closer than my skin.*' Maar altijd blijft het: '*My heart burns for you.*'
Dat is wat Pilatus binnen ervaart. Dat ervaar je in de stilte. Dan gaat het branden. Want dan ga je beseffen: God *is*. Jezus heerst. Jezus is persoonlijk, dichtbij en echt. Voor jou.
Jouw innerlijke wereld is Hem niet vreemd. Jouw bloeden is Hem niet vreemd. Tegelijk is jouw innerlijke wereld een peulenschil voor Hem en zal Hij nooit in jouw bloederige kleinzieligheid meegezogen worden.

Keuzes maken
Buiten staat de menigte.
Binnen staat, zwaar mishandeld, de Koning van hemel en aarde.
Pilatus kan niet kiezen.
Johannes merkt het als enige op: Pilatus loopt van buiten naar binnen naar buiten naar binnen... Tot vier keer toe loopt Pilatus heen en weer. Elke keer dat hij buiten komt wordt hij weer overvallen door het geschreeuw van de menigte. De menigte eist zijn loyaliteit. De menigte wil dat hij Jezus laat vallen. De menigte eist dat hij meedoet in hun straatje. En Pilatus, de machtige, wankelt.
Elke keer als hij binnen komt wordt hij weer geraakt door Jezus. Daar, in de stilte van de binnenvertrekken begint de waarheid en beseft Pilatus dat Jezus onschuldig is.
Maar, en dat is zijn grote probleem, hij durft niet te kiezen. Pilatus wordt heen en weer geslingerd: Jezus liefhebben en Hem zonder gêne aanbidden, of vasthouden aan het leven zoals hij dat tot nu toe kent. Diep van binnen wil Pilatus misschien anders, maar hij is niet sterk genoeg. Het lukt hem niet staande te blijven. Buiten is het geschreeuw te hard en het zonlicht te fel. Hij heeft niet de macht om de zuiging van de wereld te weerstaan. Hij geeft zich over, verraadt zichzelf en doet dingen waar hij de rest van zijn leven spijt van heeft. Hij marchandeert. Hij onderhandelt.
'Nee, volgens mij is hij niet schuldig, hoor.'

'Laten we dan kiezen, Barabas of Jezus aan het kruis?'
'Laat Herodes je maar oordelen, je komt immers uit zijn gebied.'
'Laten we je maar geselen, misschien krijgen ze wel zoveel medelijden dat je het toch nog overleeft.'
Dit is zo menselijk. Op enig gegeven moment zul jij precies hetzelfde doen als Pilatus.
Hij durft niet te kiezen en probeert Jezus toch nog een beetje hoog te houden. Het resultaat is dat hij Jezus steeds dieper kwetst en zichzelf verliest. Als je niet radicaal vóór Jezus kiest, zul je tegen Hem kiezen. Net als Pilatus zul je Hem kruisigen. Zoals ook Nietzsche Hem heeft gekruisigd. Maar weet wel dat jij uiteindelijk de enige bent die echt schade lijdt aan een keuze tégen Jezus.
In de stilte van je auto of slaapkamer kun je opeens beseffen: 'Bij Jezus moet ik zijn, al staat Hij daar met een doornenkroon. Bij Jezus moet ik zijn, al staat Hij daar in het midden van de troon als een Lam dat is geslacht. Want deze gewonde Koning is de Koning van hemel en aarde en de Koning van mijn hart. En op die momenten lijkt alles goed.
Maar op het moment dat je je weer in het gewoel van de wereld begeeft, word je van alle kanten besprongen en overvallen. Een woedende menigte wacht je op en beukt op je in. Een buitenproportionele razernij en dwaasheid eist jouw loyaliteit. Allerlei invloeden eisen dat je meedoet met hun feestje en Jezus links laat liggen. Het is niet zo verwonderlijk dat de media ons voortdurend bombarderen met prikkels en zo de stilte bij ons vandaan houden. Dat is de enige manier om de leugen hoog te kunnen houden en de leegte voor vol te doen doorgaan.
Het gevaar is dat je Diegene waar je een paar minuten eerder nog volledig voor wilde gaan, opgeeft en concessies doet aan de diepe waarheden die zich diep in jouw ziel blijven roeren. Uit onterechte angst kies je eieren voor je geld, maar uiteindelijk zal blijken dat je op het verkeerde paard hebt gewed. Door je angst om te verliezen, loop je juist gevaar alles te verliezen. En naarmate je meer marchandeert, kwets je Jezus dieper en dieper. Uit lafheid en pure onmacht verkwansel je Jezus en alles waar Hij voor staat.

Pilatus kiest de weg van de minste weerstand. Hij mist de vreugdevolle kennismaking met Jezus. Voor hem loopt het uit op een deceptie.
De keuze die de heen en weer lopende Pilatus niet durft te maken kun jij nu wel maken.
Nu heb je de kans om te knielen aan de voeten van die geboeide, bloedende Koning en te zeggen: *U bent waarheid, bij U ben ik thuis. Als ik straks naar buiten loop en dat hele woedende gevecht om mijn loyaliteit weer begint, zal ik daar staan en dan zal ik zeggen: ik ben van Jezus en Jezus is van mij!*

Gebed na hoofdstuk 3

Als je dat wilt kun je onderstaand gebed bidden. Besef daarbij dat bidden niets anders is dan praten met God, zoals je met iemand anders spreekt. Je ziet God niet, maar Hij is er. Dichterbij dan je denkt. Misschien denk je: 'Ja, maar mijn gebed komt niet voorbij het plafond.' Dan mag jouw troost wezen dat je gebed helemaal niet voorbij het plafond hoeft. Jezus zit op dit moment naast jou. Hij staat voor je. Kniel maar. Fluister maar. Vertel maar over je gebrokenheid. Je verwarring. Je pijn. Vertel Hem alles wat jij stuk gemaakt hebt. Vertel Hem alles wat er stuk gemaakt is in jouw leven. Gooi het er maar uit. Het is het begin van een gloednieuw leven.
Een gebed om de stap van Leven zonder God naar de Vreugdevolle kennismaking met Jezus te maken:

Here Jezus, hier ben ik.
Dank U dat U mij kent.
Het is makkelijk om, net als Pilatus, geen keuze te maken.
Maar als ik geen keuze maak, kies ik eigenlijk tegen U.
Dat wil ik niet.
Ik wil U kennen.
Ik wil geloven, zoals Tomas geloofde.
Dank U dat U hier bent.
Dank U dat U mij helemaal kent.
U heeft gehoord welke voorwaarden ik aan U heb gesteld.
Mijn voorwaarden laat ik varen.
U heeft mijn leven tot nu toe gezien.
Wilt U in mijn leven komen en mij nieuw maken?
Geef mij een nieuw hart en vul mij met Uw Geest.
Leid mijn leven zoals U dat wilt.
Dank U dat U voor mij aan het kruis bent gestorven.
Dank U dat U weer bent opgestaan.
Dank U voor Uw liefde.
Dank U.
Amen.

Tweede fase: Vreugdevolle kennismaking

Het deel *Vreugdevolle kennismaking* met Jezus beschrijft de onbevangenheid en vreugde van de eerste periode na het leren kennen van Jezus. De discipelen vallen in deze fase van de ene verbazing in de andere. Toch is hun toewijding aan Jezus nog wankel. Deze fase, geïllustreerd met een *smiley*, is beschreven in hoofdstuk 4 en 5 en wordt afgesloten met een gebed en een oefening.

De godsdienst takelde niet af omdat hij weersproken werd, maar omdat hij zijn betekenis verloor en saai, benauwend en banaal werd.
Abraham Joshua Heschel

We leiden ons leven tegenover het ongrijpbare, gevaarlijke, ongebonden en spontane wezen van de levende God.
Walter Brueggemann

Er was één zeker iets, dat te groot was dan dat God het ons wilde tonen, toen Hij op onze aarde wandelde; en ik heb wel eens gedacht, dat het zijn blijheid was.
G.K. Chesterton

Hoofdstuk 4

Vreugdevolle kennismaking

Vanaf het begin barsten de evangeliën welhaast van vreugde uit hun voegen. De opgewonden engel schraapt de keel en legt het nog eens rustig uit aan de verbijsterde herders: 'Wees niet bang, want ik kom jullie goed nieuws brengen, dat het hele volk met grote vreugde zal vervullen!'

Het evangelie is goed nieuws! Te goed om waar te zijn! En dat geweldige nieuws is niet alleen voor de insiders, niet alleen voor de mensen die het al begrijpen en hebben. Nee, dat nieuws is voor iedereen! Iedereen mag leren leven uit de volheid van Jezus! Het hele volk zal blij zijn!

Jezus is gekomen op aarde. Geboren uit een maagd. De invasie is een feit. Het blijft nog dertig jaar stil. Maar dan barst het los...

De kracht van een eerste indruk

Probeer het je eens voor te stellen. Je hebt dertig jaar in anonimiteit geleefd, als timmerman – de beste die er is, dat wel, maar toch, een heel gewone timmerman. Je weet dat het nu eindelijk voor de deur staat! Je bent gedoopt. Je bent verzocht in de woestijn. Je bent nu vol van kracht en vol van de Heilige Geest. Het echte werk begint. Je gaat publiek. Je zult volgelingen krijgen. Veel. Ook zul je tegenstanders krijgen. Veel. En je hebt één kans om een eerste indruk te maken. En iedereen weet dat je een eerste indruk maar één keer kunt maken.

Hoe en wanneer treed je in de spotlights? Wat doe je als eerste wonder?

Hoe kun je iedereen het beste laten zien wie God werkelijk ten

diepste is? Hoe kun je laten zien wat voor fantastische Koning je bent? Hoe kun je laten zien in wat voor soort Koninkrijk jouw volgelingen 'geboren' kunnen worden?
Schrijf je zeven dagen lang met felle kleuren Johannes 3:16 in de lucht boven Jeruzalem?
Laat je het paleis van de Romeinse keizer instorten als teken van jouw macht?
Wat doe je?
Jezus maakt wijn.
Hij maakt wijn van water. De stenen vaten zitten vol met water. De druppels kijken stiekem over de rand van het vat en kunnen hun ogen niet geloven. Daar staat hun Schepper! Hun Koning! De druppels beginnen pardoes te blozen en zo wordt het water wijn.
Wijn.
Heel veel wijn. Er staan zes stenen watervaten, elk met een inhoud van twee à drie *metrètes*. Dat is meer dan zeshonderd liter in totaal. En de bruiloft is al een aantal dagen aan de gang. De mensen hebben al voldoende wijn op. Meer hoeft echt niet. Misschien raken er wel mensen aangeschoten. Misschien zijn er al mensen dronken – Johannes 2:10 insinueert dat toch op zijn minst... Dan is vijftig liter toch wel genoeg?! Zo groot zijn bruiloften in die kleine dorpjes ook weer niet. Iedereen nog netjes één glaasje goddelijke wijn en daarna, hup, naar huis. Bob rijdt de ezel.
Maar nee. Jezus maakt meer dan zeshonderd liter wijn voor een heel gewone bruiloft in een klein dorpje in Galilea. Het feit dat sommige mensen het goede dat God geeft willen misbruiken, verhindert God niet om het goede te geven! Het feit dat sommige mensen zich dronken drinken, maakt niet dat God alle druivenoogsten dan maar laat mislukken.
Jezus maakt veel te veel wijn. En niet zomaar wijn. Nee, voortreffelijke wijn! Beter dan de beste wijn die de bruidegom als eerste geschonken heeft! Veel te dure wijn voor een veel te boers feest.
Dat is het *eerste* wonder.
En wat communiceert dat eerste wonder boekdelen! Wat is het een krachtige preek! Zó is God! God is de God van veel te veel, veel

te dure wijn voor een veel te gewone bruiloft. Voor een samenleving die God associeert met wetten en regels, die God associeert met vrome farizeeën en ontoegankelijke rituelen is dit overweldigend. Het is onmogelijk. Is God werkelijk een God van wijn?
'Uit zijn overvloed zijn wij allen met goedheid overstelpt!', jubelt Johannes. Wil je weten hoe God is? Wil je weten wat voor Koning je dient? Wil je weten hoe de hemel moet zijn? Kijk maar naar het eerste wonder van Jezus. In Kana heeft Hij dat gedaan. Het is bijna niet te geloven en daarom herhaalt Johannes het nog maar eens: 'Dit heeft Hij dus gedaan in Kana, in Galilea, als eerste wonderteken.'

Nieuwe vooronderstellingen
De betekenis en reikwijdte van dit eerste wonder zijn moeilijk te overschatten. Jezus maakt een daverend statement. Jezus is ergens *tegen*. Hij is tegen alle beelden van de 'bepaalde' God die streng, berekenend en wraakzuchtig is. Alle mensen die God zien als een kanon dat af en toe willekeurig afgaat en weer een leven of een land verwoest, hebben het helemaal mis! Alle mensen die God zien als de man die te oud en te verzadigd is om nog iets te vinden van onze bruiloften, verjaardagen of kookkunst, hebben het helemaal mis! Jezus verbrijzelt deze beelden en Hij doet een ongehoord groot wonder op een veel te gewone bruiloft in een gehucht in het snikhete Galilea.
Jezus is echter niet alleen ergens tegen. Hij is ook ergens vóór. Hij is voor de levengevende, vrije God. Jezus is voor de God die farao's en andere wereldbeheersers in hun hemd zet, omdat zij godsdienst misbruiken als een instrument om het volk mee te beteugelen. Jezus is voor de God die hoop brengt op plaatsen van wanhoop en die de sprookjes en mystiek weer een plek geeft in het aardse leven.
De film *Chocolat* vertelt het verhaal van een moeder, Vianne Rocher, en dochter die naar een klein Frans dorpje verhuizen. Het dorpje is grijs en grauw, net zoals de mensen die er leven. De zwaar religieuze burgemeester heeft alles onder controle. Het is de vas-

tentijd voor Pasen en Vianne Rocher opent een chocolaterie. Dit tot groot ongenoegen van de burgemeester en alle 'ware' gelovigen in het dorp. Vianne heeft namelijk een bijzondere gave. Ze weet precies welke chocolade ze mensen moet geven om hun lang vergane passies weer tot leven te wekken. Een jongen die niets anders dan dode dieren en morbide plaatjes tekent, begint na het eten van de juiste chocolade de mooiste tekeningen te maken. Een vrouw die al jaren de seksuele passie van haar man niet meer weet op te wekken, krijgt wat chocolaatjes mee naar huis en al gauw gaan de luiken dicht en het licht uit. De chocolade brengt eerst enkelingen en uiteindelijk het hele dorp tot leven. Het is niet de strenge teugel van de berekening en de zelfkastijding die de ware ervaring van God brengt, maar de overvloed en passie verborgen in de schepping van God. Uiteindelijk, zou je kunnen zeggen, is Jezus voor ons wat de chocolade voor de dorpsbewoners in *Chocolat* was. Hij is niet de strenge vader voor wie je het onmogelijke moet presteren, of anders zwaait er wat. Nee, Hij wekt ons tot leven!

Jezus belichaamt het jubeljaar

In Kana verandert Jezus water in wijn. Het is het eerste wonder van Jezus. En na de eerste wonderen begint Hij te preken. Eerst daden. Dan woorden. Hoe vaak draaien wij het niet precies om? In Nazaret zegt Jezus over zichzelf:

> De Geest van de Heer rust op mij, want hij heeft mij gezalfd. Om aan armen het goede nieuws te brengen heeft hij mij gezonden, om aan gevangenen hun vrijlating bekend te maken en aan blinden het herstel van hun zicht, om onderdrukten hun vrijheid te geven om een genadejaar van de Heer uit te roepen.

Het volk Israël weet wat feestvieren is. Tenminste, in theorie. Elke week is er feest: de sabbat. Zevenmaal per jaar is er feest. Elk zevende jaar is er feest: een sabbatsjaar! Een jaar niet werken, maar je wijden aan kunst, cultuur, gezin en het kennen van God. En elk vijftigste jaar is het feest der feesten: het jubeljaar! Alle slaven worden weer vrij gelaten. Bezittingen die je moest verkopen worden weer teruggegeven. Iedereen begint met een schone lei. Het ongehoorde gebeurt: schuld wordt kwijtgescholden. Het is de wereld op zijn kop. Genade. Jezus zegt bij het begin van zijn bediening: 'Ik ben gekomen om jullie een permanent jubeljaar te geven! Vrij van schuld, vrij van slavernij! We openen het leven van de lach! Ik ben gekomen voor de vaders die 's nachts radeloos naar het zinken plafond staren omdat ze weten dat ze hun kinderen morgen geen eten kunnen geven. Ik ben gekomen voor de gevangenen in Guantanamo Bay, de gevangenen in Nederland en de gevangenen in hun eigen hoofd. Ik zal blinde kinderen, die zo graag willen zien zodat ze kunnen rennen, ravotten en spelen als alle andere kinderen, het zicht teruggeven. Ik zal de onderdrukten in Darfur, Oeganda en Noord-Korea en de onderdrukte vrouwen en kinderen in scheefgegroeide huishoudens bevrijden.'

De periode van genade breekt aan

Aan het begin van zijn evangelie beschrijft Matteüs hoe Jezus rondtrekt in Galilea en hoe heel Syrië, het Overjordaanse, Judea en de Griekse Dekapolis op Jezus afkomen als vliegen op stroop. Jezus, de timmerman uit Nazaret in Galilea. Dat is zoiets als: Jezus, de timmerman uit Emmer-Compascuüm in Drenthe. Emmer-Compascuüm is een klein – heel klein – dorpje, tussen Emmen en de Duitse grens. Het is niet het soort woonplaats waar je de start van een wereldveranderende revolutie bedenkt.

Jezus heeft een missie, het bereiken van de wereld. Dan zou je toch verwachten dat Jezus zijn bediening in Jeruzalem – of Amsterdam – begint. In ieder geval in een regio waar je zo snel mogelijk zo veel mogelijk mensen kan bereiken. Maar Jezus denkt anders.

Jezus begint in een uithoek van een uithoek. Hij verhuist van het kleine Nazaret naar het nog kleinere Kafarnaüm en Hij gaat rondtrekken in de veenkoloniën van Oost-Groningen of stoffige boerendorpjes van Galilea.

En toch heeft de bediening van Jezus vanaf het begin een geweldige impact! De basisboodschap is: 'Vanaf nu is het Koninkrijk toegankelijk, ook voor jou!' In één keer bevindt ieder mens zich binnen het bereik van de overvloed van Gods genade! Niet langer is het wij – zij, binnen – buiten, of *inner circle – outer circle*. Jezus duikt niet op bij de ingewijden, maar bij de onwetenden, de argelozen, de hopelozen en de hulpelozen. Jezus komt om weeskinderen te laten dansen in Afrika! Jezus komt om jonge vrouwen die hun kinderen hebben laten aborteren, weer onschuldig en onbedorven te maken, in de zekerheid dat zij vergeven zijn en hun kindje later alsnog in de armen mogen houden.

Jezus komt om jonge mannen die in dronken buien mensen verminkt of vermoord hebben, de handen te laten opheffen in aanbidding. Jezus komt om de zwijgende moeder die haar eigen kind met HIV heeft besmet en weet dat zij beiden binnenkort zullen sterven, te bemoedigen en op te nemen in zijn eeuwige Vaderhuis!

'Mensen, ver weg en dicht bij, lekkend, bloedend, zichzelf voortslepend over de lopende band van het leven, we bevinden ons vanaf nu in het tijdperk van de lach!' Jezus brengt genade. En waaruit bestaat die genade? Het Koninkrijk is dichtbij en iedereen mag binnen komen blunderen! Het is hier en nu en Jezus is maar een handreiking van jou verwijderd en ook jij mag komen. Nu. Op dit moment. En zo zullen dan allerlei laatsten eersten worden. Allerlei mensen die het niet begrijpen stevenen ineens de mensen voorbij die alles zo goed denken te begrijpen. Ineens mag iedereen er bij en diegenen die achter in de rij staan te lummelen krijgen ineens eerder te eten dan wij. De prostituee doet de gezichten van tientallen mannen rood van schaamte of lust worden en struikelt het Koninkrijk binnen. Zacheüs tuimelt uit de boom en rolt pardoes het Koninkrijk binnen. Matteüs wordt nietsvermoedend achter zijn geldtafeltje weggeplukt. De verlamde man wordt genezen en hoewel hij niet eens om vergeving heeft gevraagd, krijgt hij die er gratis bij. Eén voor één komen ze in de evangeliën voorbij: de hoofdman en zijn slaaf, de vrouw die een genezing steelt, de bezetene in Gardara, de vrouw met de vele mannen, Simon de Zeloot, Simon de visser, Johannes de dondersteen. Het gelach en de vreugde spatten van de bladzijden af. Wat een geluk. De tranen beginnen te stromen en vermengen zich met gelach, want wat er allemaal gebeurt is te mooi om waar te zijn!

Dat heet genade. Wij begrijpen veel, maar genade vinden we o zo moeilijk te begrijpen. Wij begrijpen: voor wat, hoort wat. Wij begrijpen dat ingewijden of nederigen of diepgelovigen bij God mogen komen. Wij begrijpen dat de mensen die hun best doen en waar van buiten alles klopt er zo maar bij mogen. Wij begrijpen recht en onrecht, zonde en wraak. Maar genade is zo tegengesteld aan ons systeem, zo tegengesteld aan ons denken.
En daarom begint Jezus zijn belangrijkste stuk onderwijs – de Bergrede – met heel bijzondere zaligsprekingen. De zaligsprekingen zijn geen lijst van noodzakelijke karaktertrekken om bij Jezus te mogen komen! De zaligsprekingen zijn geen beschrijving van de perfecte christen. Integendeel! De zaligsprekingen vullen in voor wie het goede nieuws allemaal is! Er is een tijd geweest van wij, zij. Er is een tijd geweest dat God heeft gezwegen en onbereikbaar was. Er is een tijd geweest dat je goed moest zijn om bij God te komen. Maar nu is alles anders! Het Koninkrijk is hier en ook jij mag binnen komen struikelen! Wij leven in het tijdperk van de vreugdevolle kennismaking met de Koning van genade.

Het Koninkrijk is voor iedereen

Duizenden mensen zijn Jezus gevolgd. Jezus heeft net zijn discipelen geroepen en dan begint Hij zijn Bergrede. De Bergrede gaat in essentie over twee zaken. In de eerste plaats gaat het om de vraag voor wie het Koninkrijk der hemelen nu eigenlijk is. Wie mogen er bij God komen? Ten tweede gaat het om de vraag hoe dat leven met God er dan gaat uitzien.
De zaligsprekingen omschrijven voor wie het goede nieuws allemaal is:

> Zalig de armen van geest,
> want hunner is het Koninkrijk der hemelen.
> Zalig die treuren,
> want zij zullen vertroost worden.
> Zalig de zachtmoedigen,
> want zij zullen de aarde beërven.
> Zalig die hongeren en dorsten naar de gerechtigheid,

want zij zullen verzadigd worden.
Zalig de barmhartigen,
want hun zal barmhartigheid geschieden.
Zalig de reinen van hart,
want zij zullen God zien.
Zalig de vredestichters,
want zij zullen kinderen Gods genoemd worden.
Zalig de vervolgden om der gerechtigheid wil,
want hunner is het Koninkrijk der hemelen.

De gangbare uitleg

Wij vinden genade moeilijk en een van de gebieden waarop dat tot uiting komt is in de gangbare uitleg van de zaligsprekingen. Die gangbare uitleg klinkt heel geestelijk, maar werpt eerder barrières op voor redding, dan dat hij goed nieuws brengt.

De gangbare uitleg gaat ongeveer zo:

Zalig die mensen die beseffen dat zij arm van geest zijn: gelukkig ben je, dan en alleen dan, wanneer je beseft dat jij het niet kunt, want als Gods Geest zo in je werkt dat je volkomen overtuigd bent van zonde en je totale verlorenheid, dan kun je bij God komen.

Zalig die mensen die treuren: gelukkig zij die treuren over hun zonde en in zak en as zitten over hun behoud, want als je voldoende hebt getreurd, dan zul je uiteindelijk vertroost worden.

Zalig de zachtmoedigen: gelukkig die mensen met een door God zacht gemaakt gemoed, die mensen die invoelen, meevoelen en aanvoelen, want als je deze bijzondere kwaliteit van God hebt gekregen, dan zul je de aarde beërven.

Zalig zij die hongeren en dorsten naar gerechtigheid: gelukkig zij die willen dat Jezus heerst in hun leven en overal op aarde, want als je wilt dat Gods gerechtigheid geschiedt, dan zul je verzadigd worden.

Wat is er nu gebeurd? Op deze manier is er van de zaligsprekingen een lijst gemaakt met karaktertrekken die de ideale christen beschrijven. De oude wet is vervangen door een nieuwe. En beiden drijven de mens tot wanhoop. Terwijl Jezus juist is gekomen om goed nieuws te brengen: de laatsten mogen nu zomaar vooraan komen staan!

Echte zaligsprekingen
Jezus zit op de berg met zijn discipelen en daar omheen zoveel mogelijk mensen die ook wat mee willen pikken van wat Jezus vertelt. Jezus wil eerst aan Zijn discipelen duidelijk maken wat het goede nieuws van het Koninkrijk inhoudt. Dus begint Jezus te beschrijven. 'Kijk jongens, zien jullie daar de smid uit Betsaida? Hij gaat niet naar de synagoge en als er een feestje is vraag je hem niet om te bidden. Hij twijfelt aan God, want hoe kan er anders zo veel onrecht geschieden. Maar weet je hoe het vanaf nu is?
'Zalig de armen van geest.' Jezus zegt niet: 'Zalig de mensen die *beseffen* dat ze arm van geest zijn.' Het gaat in het evangelie naar Lucas net zomin om mensen die beseffen dat ze arm zijn of honger hebben. Het gaat niet om een geestelijke kwaliteit, het gaat juist om geestelijke armoede! Al die mensen die moeite hebben met geloven, die moeilijke vragen stellen, die twijfelen, die nooit gevraagd zullen worden om een inleiding te verzorgen of om te bidden voor het eten, mogen nu zomaar het Koninkrijk van God binnen komen wandelen! Al de mannen van weinig woorden, al de vrouwen met twijfel, in Jezus mogen ook jullie het Koninkrijk nu binnenstruikelen, kom maar zoals je bent!
En de treurenden? Ja, dat zijn de mensen die verdriet hebben over hun zonde en die er maar niet mee klaarkomen wat ze anderen hebben aangedaan. Maar ook de mensen die bitter zijn van verdriet omdat ze hun kleinkinderen nooit meer te zien krijgen en de mensen die kapot zijn van hun ziekte of rouwen om een verlies. 'Johannes, Jakobus, zie je al die treurenden? Die vrouw in rouwkledij, die man met de droeve ogen, dat jochie daar alleen bij die boom? Zalig de treurenden, want zij zullen nu vertroosting vinden!'
En de zachtmoedigen? Dit zijn niet alleen de mensen met het zachte hart, maar evengoed de stillen en de verlegenen. De niet-assertieven en de mensen die van de stoep geduwd worden. De

mensen die niet met de schouders kunnen werken en de mensen die steeds genoegen nemen met de kruimels van de tafel. De bedeesden die af en toe exploderen in woede en dan meer kapot maken dan hen lief is. 'Andreas, Judas, zie je die mannen en vrouwen die diep van binnen wel willen, maar niet durven? Er is nu een realiteit waar zij vooraan kunnen staan, waar ze land zullen beërven, waar ze als koningen mogen gaan heersen!'

En zij die hongeren en dorsten naar gerechtigheid? Dat zijn de mensen die heel diep verlangen naar rechtvaardiging door God – misschien smacht je naar de stille fluistering van God die zegt dat jouw haat of jouw abortus of jouw misstap op jonge leeftijd vergeven is en dat alles weer recht is. Maar er zijn er meer die hongeren en dorsten naar gerechtigheid. 'Petrus, Matteüs, zie je de ouders van het verkrachte en vermoorde meisje die hopen dat de dader zijn gerechte straf niet zal ontlopen? Zie je de mensen in Afrika die van honger sterven? Zie je de woede over de oneerlijke verdeling van rijkdom en voedsel? Zie je de onvruchtbare echtparen die zo graag kinderen willen terwijl mishandelende ouders ze veel te makkelijk krijgen? Zie je de mensen die hongeren en dorsten naar gerechtigheid? Zij zullen verzadigd worden!'

Is er een kwaad zo groot in deze wereld dat de hemel het niet kan overwinnen? Dat is de glorieuze boodschap van Gods genade: zijn genade is genoeg. Er is een antwoord van de hemel op alle pijn en gebrokenheid van onze planeet en het is bereikbaar, ook voor de mensen die smachten naar gerechtigheid.

En de barmhartigen? Dat zijn de mensen die in onze maatschappij, altijd en overal, aan het kortste eind hebben getrokken. De winkeliers die wél op de pof bleven verkopen aan klanten zonder geld. De eenlingen die er wél op uit trokken om iets te doen aan de misstanden in de wereld. De mensen die wél onderduikers huisvestten en verraden werden. Zalig de barmhartigen, want als ze bij Jezus komen zullen ze ondervinden wat ze zelf uitgedeeld hebben!

En zalig de reinen van hart, want zij zullen God zien! Daarmee bedoelde Jezus niet alleen de mensen die heilig en rein leven en steeds heiliger en reiner gaan leven. De reinen van hart zijn die

mensen waarvoor alleen het beste goed genoeg is. De perfectionisten onder ons. De mensen die overal wel een fout in zien en nooit tevreden kunnen zijn. Ze zijn dodelijk vermoeiend voor henzelf en voor hun omgeving en niet fijn om mee te werken, tenzij je er zelf eentje bent. Maar wat is het goede nieuws voor de perfectionisten? Zij zullen God zien! Zij zullen eindelijk Iemand zien die beantwoordt aan hun beeld van perfectie, ja, Iemand die dat beeld verre overstijgt en vanuit dat beeld mogen zij gaan worden wie zij zijn. En zalig de vredestichters. De mensen die de klappen krijgen als ze tussen strijdende partijen in gaan staan. Onze jongens in Uruzgan. De politie die er vaak van langs krijgt wanneer zij doet wat zij moet doen. Onze wereld houdt niet van vredestichters, maar God wel! En zij zullen merken dat er een rijk is waar hun houding eerder regel dan uitzondering is en waar zij mogen groeien en bloeien als vredestichter.
En gelukkig zijn jullie, Jakobus, Petrus en Johannes! Gelukkig zijn jullie, gemeente van Jezus Christus in Nederland, wanneer je collega's, vrienden en familie je voor gek verklaren dat je een timmerman uit Emmer-Compascuüm aanziet voor de redder van de wereld. Het zijn moeilijke processen die je doormaakt, maar wat zul je een vreugde ervaren wanneer je door hebt dat God echt is en het leven met Hem werkt!

Iedereen hoort er bij

Paulus zegt het treffend in Kolossenzen 3:11. Hij brengt dezelfde boodschap als Jezus: het gaat niet langer om afkomst – Grieken of Joden, religie – besnedenen of onbesnedenen, sociale status – barbaren, Skythen, slaven of vrijen, maar Christus is alles in allen! En ook de Skyth hoort er bij! Je hebt barbaren en je hebt Skythen! Ongeveer zoals je gepassioneerde mensen hebt en Fransen. Of dikke mensen en Amerikanen. Of gierigaards en Nederlanders. Het is de overtreffende trap, de barbaren onder de barbaren!
Het zit al in het woord: skyth, dat klinkt als persmuskiet; van die vervelende plakkers, parasieten die teren op jouw roem of rijkdom. Of een gewone muskiet, een irritant beest dat prikt en steekt

en dood moet. Maar nee, vanuit de evangeliën en de brieven van Paulus komt dan de ontstellende boodschap: zelfs de Skyth, de persmuskiet en de muskiet hoort er bij! Allemaal horen ze er bij! Er is niemand die buiten het bereik van de genade van God valt! Ik kan naar de saaie zondaar gaan en zeggen dat hij in Jezus echte schoonheid en zin van leven ontvangt. Ik kan naar de spectaculaire zondaar gaan, naar de massamoordenaar, de misbruiker, de abortusarts en zeggen: 'Zalig, zalig, zalig, Jezus is er ook voor jou!'
Het is voor iedereen:

> afvallers, uitvallers, opvallers, verprutsers, machtelozen, schuwen, verlegenen, stillen, overschreeuwers, verdrietigen, gebrokenen, eenzamen, zieken, stervenden, ouden, de jongen, snellen, langzamen, pedofielen, travestieten, homoseksuelen, transseksuelen, verkrachters, moordenaars, kinderlokkers, bedenkers van gifgasaanvallen, abortusartsen, prostituees, gevangenen, vrijen, groten, kleinen, gekken en gestoorden, autisten, pacifisten, werkelozen, uitgerangeerden, mopperaars, kluizenaars, atheïsten, communisten, moslims, sektaristen, volksmenners, naamloze volgers, arbeiders, managers, professoren, domoren, overspelers, verleiders, loverboys, gekwetste tienermeisjes, weggelopen vaders, leeg geleefde moeders, dronkaards, huichelaars, dieven, zigeuners, kampers, Hell's Angels, zakenmensen, blauwvingers, allochtonen, wijsneuzen, bleekneuzen, misbruikers, misbruikten, dikken, dunnen, snijders, branders, zelfbevredigers, zelfmutilanten, opscheppers, voetvegen, lelijkerds, knapperds.

Zalig, zalig, zalig, zalig!
Jullie mogen allemaal binnen komen struikelen, de genade van Jezus is ook voor jou!
Dat stuit ons soms tegen de borst, zeker bij de immorelen, bij de pedofielen, bij de verkrachters, bij de loverboys of bij de abortusartsen. Dan kunnen we helemaal opgaan in ons wereldje van wij – zij, binnen – buiten. Maar dan klinkt daar het woord van God: 'Of ben jij soms boos omdat mijn hart goed is?' Gods genade is

voor ieder mens, geen enkel mens valt buiten het genadebereik van God. Dat is de boodschap van de evangeliën en van de zaligsprekingen. God heeft het ultieme antwoord op de vragen, de problemen en de pijn van alle mensen.

Zwakkelingen en mislukkelingen horen ten onder te gaan: eerste regel van onze mensenliefde. En men moet ze daarbij nog helpen ook.
Wat is schadelijker dan alle ondeugden? Het daadwerkelijke medelijden met alle mislukkelingen en zwakkelingen – het christendom…
Friedrich Nietzsche

Het probleem met veel mensen vandaag de dag is dat zij geen God gevonden hebben die groot genoeg is voor de moderne behoefte. Terwijl hun ervaringen met het leven zich in allerlei richtingen ontwikkelen en hun mentale horizon zich steeds verder uitbreidt, tot het punt van vervreemding door gebeurtenissen op het wereldtoneel en wetenschappelijke ontdekkingen, zijn hun ideeën over God grotendeels statisch gebleven.
J.B. Phillips

Met wie wil je God vergelijken?
Hoe is Hij uit te beelden?
Jesaja 40:18

Hoofdstuk 5

Schokkende genade

Het is de sensatie van overvloedige genade die de eerste vijf discipelen van Jezus ervaren in de eerste maanden dat ze Jezus volgen. Het begint allemaal zo heerlijk onbevangen. De eerste vraag die de discipelen, Johannes en Andreas, ooit aan Jezus hebben gesteld is: 'Waar logeert U?' Het is een vraag van aandoenlijke echtheid en verlegenheid. Na die eerste ontmoeting haalt Andreas zijn broer Simon er bij. Filippus en Natanaël sluiten aan. En het feest begint. Alles is zo radicaal anders dan zij van God hadden verwacht. Bij de bruiloft te Kana maakt Jezus veel te veel wijn voor een veel te kleine boerenbruiloft. Nog maar nauwelijks bijgekomen van dit feest trekken ze naar Jeruzalem voor weer een feest. Tijdens de viering van het paasfeest verbijstert Jezus vriend en vijand met zijn schoonmaakactie van de tempel. 'Wat een kracht! Wat een passie!'

Vanuit het feesten gaat het in één vloeiende beweging verder naar het snelle resultaat. De discipelen dopen meer mensen dan hun vroegere meester Johannes. Er breekt spontaan een opwekking uit in Samaria. Jezus geneest een zoon van een hoveling op afstand. Het kan allemaal niet op.

Moe, maar voldaan bedanken de discipelen Jezus voor de heerlijke tijd en gaan weer terug naar huis. Het is mooi en goed geweest, maar er moet weer brood op de plank komen. Thuis wachten vrouw en kinderen.

Het is allemaal zo herkenbaar voor mensen die Jezus net leren kennen. De eerste dagen, weken en maanden zijn geweldig! Je zweeft op een roze wolk. Je zit de hele dag met je neus in de Bijbel en je straalt de hele dag. Je vertelt iedereen die het maar horen wil wat Jezus voor je heeft gedaan. Je bent zo enthousiast dat je nog meer indruk op de mensen maakt dan je dominee of jeugdleider. Maar, het is allemaal nog wel een beetje wankel. Na een paar maanden is het gevoel ineens weg. Je kunt terugvallen in oude zonden of gedachtepatronen. Je krijgt te maken met teleurstellingen en de mensen in je omgeving wijzen je er op dat er ook nog gewoon gestudeerd en gewerkt moet worden. Het is allemaal nog een beetje los-vast. Je groeit toe naar de volgende fase. De vraag is wel of je de stap naar de volgende fase wilt zetten. Jezus riep de discipelen voor de volgende fase terwijl zij aan het werk waren bij het meer van Galilea. Veel mensen leggen de uitnodiging om de fase van *Radicale keuzes* in te gaan naast zich neer. Zij blijven liever aanmodderen in de oude, vertrouwde omgeving. Zij zullen geestelijk niet verder komen.

Zo is God!

Vanuit het eerste wonder en het eerste onderwijs wervelt Jezus de evangeliën door. Niets is meer wat het lijkt en overal gebeuren bijzondere dingen. Plots klinkt er over de Jordaan de donderende stem van God en daalt er een duif neer op Jezus. Engelen richten in de woestijn een banket aan ter ere van de fantastische overwinning van Jezus op de satan.

Plots gaan verlamden lopen, blinden zien, stommen praten; verschrompelde mensen rechten de rug. Dode mensen blijken alleen maar te ‘slapen’ en lijken springen uit hun kist. De storm van de eeuw blijkt opeens niet meer dan een schoothondje dat na een kordaat ‘koest!’ van Jezus met de staart tussen de benen inbindt. Bezeten monsters van mensen blijken een heldere geest te bezitten en worden grote evangelisten. Vissen zwemmen rond met belastinggeld in de bek. Eeuwenlang verdwenen geloofshelden komen midden in de nacht tevoorschijn op een heuvelrug. Een onschuldige vijgenboom moet het zwaar ontgelden.

Er gebeurt iets. God daalt neer in een samenleving en niets is meer wat het lijkt. Ineens kan alles. Werk is voor duizenden mensen ineens veel minder belangrijk. Opeens kan er gemakkelijk dagen-, weken- of maandenlang vakantie opgenomen worden om bij Jezus

te kunnen zijn. Vrouwen zorgen voor het inkomen van mannen. Herders worden eregasten. Feestmaaltijden worden verzorgd uit één kleine plunjezak. Kinderen lachen. Vrouwen zingen. Mannen schudden het juk van religie van zich af en komen tot leven.
En dat allemaal omdat één man die zich jarenlang heeft voorgedaan als een heel normale timmerman, niet blijkt te zijn wie iedereen dacht dat Hij was.
Die timmerman is namelijk God!
En Hij brengt passie terug in een slapende, te hete en vergeten provincie in Israël. Hij laat iedereen zien: 'Zo is God en zo is zijn rijk. Mooi he?!'

Gods meest confronterende eigenschap
De extravagantie van God is misschien wel zijn meest confronterende eigenschap. Wij kunnen wel uit de voeten met een God die de hand op de knip houdt. Wij begrijpen het wel als God zuinig is op al die machtige zegeningen. Maar een God van extravagante overvloed is ons wezensvreemd. Waarschijnlijk omdat we te lang onder de knoet van een vrek als heerser hebben geleefd. En waarschijnlijk omdat de waarheid van God te goed is om te geloven.
Een van de meest krachtige waarheden in onze samenleving is in één zin samen te vatten: onderschat nooit de kracht van ontkenning. Dat wat je niet wilt zien, zie je niet. Veel christenen leven met een soort zelfgekozen tunnelvisie, waarbij God veel te klein en veel te schraperig is. Een God die past bij onze passieloze tijd zonder helden.
God houdt echter van zijn schepping! Als Job na zijn grenzeloze lijden God uitdaagt tot een persoonlijk duel, dan beseft hij eigenlijk niet wat hij vraagt.

> Laat nu de Ontzagwekkende antwoord geven, laat mijn tegenstander zijn klacht boekstaven.

Pas op waar je om vraagt...
God beantwoordt Jobs gebed en Hij antwoordt Job vanuit een storm. God gaat eigenlijk helemaal niet in op de vraagstukken die in de eerdere gesprekken tussen Job en zijn vrienden naar voren

zijn gekomen. God haalt het hele gesprek ver boven de normaliteit uit en Hij begint over zijn overvloed.

Wie heeft de geulen gekliefd voor de stromen,
de weg voor de donder en de bliksem gebaand,
zodat de regen neervalt op de onbewoonde aarde?
Op de woestijn waar geen mensen leven?
En wildernis en woestenij doordrenkt raken,
en er overal jong gras opschiet?

Voor iemand uit Israël of het Midden-Oosten is een dergelijke uitspraak waanzin. Water is zó schaars! Vóór alles ben je zuinig op water. Water is altijd op rantsoen. En dan is daar God die een land waar niemand woont overvloedig verzadigt met water?! Zonder aanwijsbare reden? God is niet alleen de God van veel te veel veel te goede wijn voor een veel te kleine bruiloft, maar God is ook de God van veel te veel en veel te kostbaar water voor een veel te waardeloos land. Zo is God! Hij is de God van de irrationele hoeveelheden liefde! Hij is niet de God van het uitrekenen, het verdelen en het voorzichtig zijn. God zegent geen mensen ten koste van jou! God heeft meer dan voldoende voor iedereen en dan nog blijft er een heleboel over!

God heeft talloze bijzondere en grappige dieren gemaakt, zonder direct aanwijsbaar nut. Waarom loopt de wilde ezel vrij rond? Waarom is de wilde stier zo wild? Waarom klappert het struisvogelvrouwtje zo eigenaardig grappig met haar vleugels – alsof ze de zwaluw er makkelijk uitvliegt – maar kan ze toch niet vliegen? Ze legt haar eieren en vergeet daarna gewoon waar ze die neergelegd heeft. Maar wacht maar tot ze begint te rennen... sneller dan paard en ruiter! Aan de ene kant zo onverschillig en zonder inzicht, aan de andere kant zo ongelofelijk 'vrolijk' snel. Waarom zoveel talent verspillen? En God gaat maar door en door en door. De hele schepping is één groot manifest van de overvloed en ruimhartigheid van God! Chesterton zegt hierover:

> Een kind zit ritmisch met zijn benen te schoppen uit overmaat, niet uit gemis aan leven. Omdat kinderen overstelpende levenskracht hebben, omdat zij frank en vrij van geest zijn, daarom

willen zij de dingen herhaald en onveranderd hebben. Zij zeggen altijd: 'Nog eens, nog eens.' En de volwassene doet het nog eens, tot hij er haast dood bij neervalt. Want de volwassenen zijn niet sterk genoeg om te jubelen over eentonigheid. Maar misschien is God sterk genoeg om te jubelen over eentonigheid. Het is mogelijk, dat God iedere morgen 'nog eens' zegt tegen de zon; en iedere avond 'nog eens' tegen de maan. Misschien is het geen automatische noodzakelijkheid, die alle madeliefjes net eender doet zijn; het kan zijn, dat God alle madeliefjes afzonderlijk maakt, maar er nooit genoeg van gekregen heeft ze te maken. Het kan zijn, dat Hij de eeuwige gretigheid van de jeugd heeft; want wij hebben gezondigd en zijn oud geworden, en onze Vader is jonger dan wij.

De talloze madeliefjes die geen mens ooit zal opmerken, de miljoenen bergbloemen die vrolijk schitteren in de zomerlucht, gras in ontelbaar veel tinten groen: God is een levenslustige, overvloedige God. En jeugdiger dan wij.

Michelangelo, de grote schilder van de Sixtijnse kapel, heeft deze bijzondere eigenschap van God begrepen. Michelangelo besteedde dagen en dagen aan schilderingen die het grote publiek nooit zou kunnen zien. Toch werkte hij met dezelfde precisie en toewijding als aan de prominent zichtbare. Toen hem werd gevraagd waarom hij zoveel energie stak in werk dat geen mens ooit zou zien antwoordde hij: 'God ziet het.'

God ziet die talloze overvloedige details van de schepping en het leven. Elk madeliefje is een manifest van de onbekrompenheid van God.

Gekmakende liefde

De dingen die wij vaak zo gewoon vinden zijn eigenlijk vooral buitengewoon. Licht dat danst over het water. Het is niets minder dan tovenarij, in de meest zuivere vorm van het woord. Lammetjes die gek rondspringen in de wei. De wereld is een sprookjesplaats en het zijn meestal de kinderen die de bijzonderheid daarvan in zien. G.K. Chesterton schreef:

> Kinderen zijn dankbaar als de Kerstman in hun schoentjes geschenken stopt, bestaande uit speelgoed en snoeperijen. Kon ik de Kerstman niet dankbaar zijn, toen hij in mijn schoenen de gave van twee miraculeuze benen stopte? Wij danken de mensen voor de geschenken van sigaren en muiltjes bij de viering van onze geboortedag. Kan ik niemand bedanken voor het geboortegeschenk mijner geboorte?

Het gewone is zo bijzonder buitengewoon. Benen die verdwijnen in schoenen. Het feit dat je bestaat. Een lach die aanstekelijk werkt. En neem bijvoorbeeld de bijzonderheid van seksualiteit. Seksualiteit kan alleen maar geboren zijn in de gloedvolle passie en brandende intimiteit van een 'meervoudig-enkelvoudige' God. Allah is een god die altijd alleen is geweest in zijn alleenheid. Hij is in essentie één in wezen en één in persoon. Omdat dit zijn wezen is heeft hij nooit het wonder van seks kunnen bedenken. Onze God echter is die machtige, wonderlijke drie-eenheid. Dit betekent dat God passioneel en creatief is. Er is ruimte voor intimiteit en brandende liefde. Alleen een God die weet wat samengestelde eenwording vanuit brandende passie en tedere intimiteit is, kan zoiets bijzonders als seks bedenken. En het bedenken van seksualiteit door God is precies dit: een verwijzing naar de intimiteit, passie en liefde die er bestaat binnen God. Alsof God wilde zeggen: 'Wij hebben zoveel zuivere liefde, zoveel brandende passie en zoveel tedere intimiteit. Wat kunnen We bedenken om de mens iets te laten proeven van de heerlijkheid die Wij dagelijks ervaren?' En God bedacht seks.

Op dezelfde manier is God zo vol van leven en licht dat Hij Samen is gaan nadenken: 'Hoe kunnen Wij mensen laten delen in de geweldige energie en het verzengende licht waarin Wij bestaan?' En God bedacht de zon.

God wil ons laten zien hoe ontzagwekkend krachtig en tegelijk eindeloos vredig Hij ten diepste is. En God bedacht de machtige oceaan die, soms als bij toverslag, kan veranderen in een alles verslindende en verwoestende macht waar geen mensenwerk tegen bestand is. Maar op diezelfde machtige oceaan kunnen we ook zo heerlijk op een luchtbedje ronddobberen, al soezend genieten van het kabbelende water en de warmte van de zon. God is groot en God is vredig.

Alzo...

Dit allemaal om te laten zien wie God is en dan nog oneindig veel meer. Zodat de Bijbel het uiteindelijk uitjubelt in één allesomvattende zin: *God is liefde!*

En uiteindelijk is dan het meest wonderlijke symbool van zijn grenzeloze liefde het kruis. Het kruis waar God heeft gegeven. Het kruis waar de liefde blijkt waarvan Johannes 3:16 zegt: 'Want *alzo* lief...' Achter dat kleine woordje 'alzo' gaat een wereld schuil. Er staat niet: 'God had de wereld lief.' Nee, *alzo* had God de wereld lief. Alzo, dat is brandende passie. Alzo, dat is intensiteit met de kracht van duizend laserstralen. Alzo, dat betekent toewijding tot in het kwadraat. Alzo is het krachtigste woordje in die onvolprezen, overbekende zin.

Alzo lief heeft God de wereld dat Jezus sterft aan het kruis. Jezus levert daarmee de ultieme kritiek op alle beloftes die de wereld de mensen doet. De wereld met haar geld, macht en seks. De wereld met haar uitbuiters en slaven. De wereld met haar weinige rijken en zo ontzettend veel armen. De wereld met haar gevoelloze programma's voor wereldverbetering en minachting van andermans lijden. Die wereld is niet meer op een normale manier te redden. Daar is alle hoop alleen gevestigd op een shockerende, alles vernieuwende liefde. Jezus sterft aan een kruis. En het is niet bij toeval dat naast Hem een misdadiger nog net kan smeken om een gedachte van Jezus in het hiernamaals. Een gedachte! Dat is alles waar hij om vraagt. Hij vraagt niet om redding. Hij somt zijn waslijst met zonden niet op. Nooit kan hij andere mensen het getuigenis geven van zijn wonderbare bekering aan het kruis. Nooit kan hij Bijbelstudies gaan volgen en een ijverig discipel van Jezus worden. Zijn gebed is onvolledig, zijn leven op een haar na voorbij. En toch? Toch geeft Jezus hem het onverwachte, onmogelijke en ongehoorde cadeau. 'Jij? Jij krijgt de hemel. Vandaag.' Onver-

diend? Zeker. Onlogisch? Absoluut. Onbegrijpelijk? Voor mij wel. Deze overvloed die voortvloeit uit het karakter van God en die wij in de schepping, in onze huwelijken en in onze eigen lichamen en levens tegenkomen, wordt samengevat in *genade*. Genade is geboren in het karakter van God. Het eerste wonder komt niet per ongeluk. Het is een statement: 'Zo is God. Nog steeds. Hij is niet veranderd sinds Job, het oudste boek in de Bijbel. En let maar op, we gaan een nieuw tijdperk binnen. Het tijdperk van rekenen, hopen en schrapen is voorbij. Nu komt Gods tijd. Genadetijd. De tijd van de lach.'
Walter Brueggeman zegt over die radicaal nieuwe tijd die Jezus brengt:

> Ik besef dat dit gevaarlijk dichtbij passiviteit komt, zoals vertrouwen altijd doet, en dat het op het randje van goedkope genade komt, zoals genade altijd doet.

Shockerende genade
Wij vinden het karakter van God moeilijk. Wij kunnen het vaak maar nauwelijks geloven. We trappen op de rem. 'Dit kan toch helemaal niet?! Dit is toch niet eerlijk?!' De opmerking wordt dan dat we voorzichtiger met God moeten omgaan. Dat we voorzichtiger moeten praten en dat we niet teveel humor en grootse taal mogen gebruiken. Maar de levenslust en overvloed van God komen in onstuimige vorm naar voren bij Jezus. Als Jezus spreekt gebruikt Hij humor: 'Een kameel kan nog makkelijker door het oog van een naald, dan dat een rijke het Koninkrijk binnen kan gaan.' Jezus gebruikt ironie. Nadat Jakobus en Johannes Jezus verzekeren dat zij prima de beker kunnen drinken die Jezus zal drinken – de beker die slaat op het lijden en sterven van Jezus, en dus ook op dat van Jakobus en Johannes – zegt Jezus: 'Inderdaad, de beker die Ik drink, die zullen jullie ook drinken, ja.' En Jakobus wordt de eerste martelaar van de twaalf discipelen. Dat is een staaltje goddelijke ironie! Jezus kan geweldig overdrijven: 'Als je maar glooft dan kun je gewoon tegen deze berg zeggen: hupsakee, in de zee, en het zal gebeuren.' Alsof je de haven van Rotterdam

zonder pardon even kan verplaatsen naar Enschede. De uitspraak van Jezus om je kruis op te nemen en Jezus te volgen is bij ons zo uitgekauwd dat wij het dramatische en de kracht van het voorbeeld niet meer voelen. Voor de mensen met wie Jezus regelmatig langs kruisen met daaraan creperende mensen is gelopen, is zo'n voorbeeld onbegrijpelijk. Hoe Jezus in Matteüs 23 uithaalt naar de Farizeeën is ronduit beledigend te noemen. Voor de argeloze lezer lijkt het meer op een scheldpartij dan op een 'goddelijk vermaan': 'Huichelaars! Voortbrengers van hellekinderen in het kwadraat! Blinde leiders! Roofzuchtige, onmatige huichelaars! Witgepleisterde graven vol doodsbeenderen en andere troep! Slangen! Adderengebroed! Kinderen van moordenaars met dezelfde geest als jullie voorouders!' Jezus maakt in de gelijkenis van de barmhartige Samaritaan karikaturen van de Schriftgeleerden en de Farizeeën. Hij shockeert de status quo door met vrouwen op te trekken, vrouwelijke leerlingen te hebben en met tollenaars en prostituees om te gaan. De boodschap is duidelijk: Jezus is helemaal vrij! Hij legt geen verantwoording af aan wie dan ook, behalve aan zijn Vader. Hij opereert vanuit het wilde, vrije, overvloedige karakter van de onstuimige, heerlijke Drie-eenheid. Hij is niet in een hokje te stoppen. Hij is, in de ware zin van het woord, de onbegrensde, vrije God.

En daar kun je heel boos van worden. Want God blijkt opeens niet zo te zijn, zoals jij denkt dat Hij is. God danst niet naar jouw pijpen. God is niet te programmeren of te manipuleren. God is vrij en veel te genadig. En vaak begrijp je er helemaal niets van.

In *De antichrist* die Friedrich Nietzsche heeft geschreven in de laatste maanden voordat hij zijn verstand verloor, zegt hij:

> Zwakkelingen en mislukkelingen horen ten onder te gaan: eerste regel van onze mensenliefde. En men moet ze daarbij nog helpen ook.
>
> Wat is schadelijker dan alle ondeugden? Het daadwerkelijke medelijden met alle mislukkelingen en zwakkelingen – het christendom…

De veel te royale genade van God doet Nietzsche uit zijn vel springen van nijd. Jack Miles zegt hierover in *Jezus, een biografie*:

> Op de leus 'de laatsten zullen de eersten zijn' van het christendom, die plechtig van talloze Duitse kansels wordt verkondigd, reageert Nietzsche – als een waanzinnige op de achterste kerkbank – met verbaasde verontwaardiging. De laatsten de eersten! Waarom zouden de eersten niet de eersten zijn? Verdienen zij het niet? Wat hebben de laatsten gedaan dat zij de plaats van de eersten in mogen nemen? Laat de verliezers op de bodem waar ze horen! De uitbarsting van de waanzinnige verstoort de kerkdienst, maar de eerste schanddaad was in werkelijkheid het gezegde dat van de kansel werd verkondigd. De overtreding van de waanzinnige was dat hij het serieus nam, als een uitspraak die krachtig verworpen moest worden als hij niet te accepteren was.

Wonderlijke logica

De overvloed van God is niet logisch. De genade van God is niet eerlijk. Het vuur en de passie van Jezus zijn aanstootgevend. Hoe kan het dat de moordenaar aan het kruis naar de hemel mag en dat de farizeeën zo onder uit de zak krijgen?

De gelijkenis van de arbeiders in de wijngaard illustreert de wonderlijke logica van Gods genade ook nog eens. Het is ook absurd. Een aantal arbeiders werkt de hele, lange, zware, veel te hete dag op het land en een aantal arbeiders doet alleen het laatste, lekker koele uurtje mee. Bij de uitbetaling krijgt iedereen evenveel loon. Is het gek dat de arbeiders die de hele dag gewerkt hebben boos worden? Zij zeggen:

> Deze laatsten hebben één uur gewerkt en gij hebt hen met ons gelijkgesteld, die een zware dag en de hitte hebben doorstaan. Maar hij antwoordde één van hen en zeide: Vriend, ik doe u geen onrecht. Zijt gij het niet met mij eens geworden voor een schelling? Neem het uwe en ga heen; ik wil deze laatsten hetzelfde geven als u. Staat het mij niet vrij met het mijne te doen, wat ik wil? Of is uw oog boos, omdat ik goed ben?

Daar komt de aap uit de mouw. Men kan Jezus niet uitstaan

omdat Hij veel te goed is. Jezus is vol van genade en wijsheid. Daar zijn wij, met onze noeste arbeid, met ons eindeloos proberen en met onze offers die we brengen om een wit voetje bij God te halen, niet op berekend. Jezus maakt korte metten met Nederlandse spreekwoorden als 'boontje komt om z'n loontje' en 'wie niet werkt die zal niet eten'. Uiteindelijk blijft er dan over: 'Alzo zullen de laatsten de eersten en de eersten de laatsten zijn. Ha! Want ZO is GOD!!'

Wat moeten wij hiermee?

Het gaat even niet om antwoorden. Het gaat veel meer om de indruk. Nietzsche heeft veel dingen verkeerd gezien, maar één ding heeft hij wél goed gezien. Beter dan velen van ons vandaag begrijpen: de genade van God is diep, diep shockerend. Jezus is onstuimig, onnavolgbaar, en onbepaald. Wat doe je daarmee?

Word maar even stil. Want als wij met Jezus op reis gaan naar een Geestvervuld leven, dan begint het hier. Bij de veel te grote goedheid en de veel te grote overvloed van God. Dat karakter van God kan je irriteren en boos maken. Het kan er ook voor zorgen dat je in de lach schiet en een nieuw lied begint te zingen. Want de reis naar extraordinair leven die wij gaan maken begint met een lach. Een diepe, rollende, verwonderde schaterlach. Zo'n lach waarbij uiteindelijk de tranen over je wangen lopen en ook over de wangen van diegenen die je dierbaar zijn. Dan kijk je elkaar aan met zo'n blik van: 'Ik vind het ongelofelijk, maar wel ontzettend mooi, ik kan er alleen niet bij...' Om vervolgens weer schuddebuikend van het lachen over de grond te rollen.

Het is de lach van Sarah, de verschrompelde vrouw van dik negentig. De engel heeft haar net verteld dat ze een baby zal krijgen, na meer dan negentig jaren van onvruchtbaarheid. Abraham en zij moeten er weer aan geloven. Bemin elkaar. Er komt een baby. De woorden zijn nog maar net gesproken of Sarah moet de hand al voor de mond doen. Dit is een grap. Een hele dure. Maar wel ongelofelijk goed. En het lachen begint! Bij haar. Bij Abraham. Zelfs de engel kan de lach niet onderdrukken. Het is de lach van het wonder van het nieuwe begin. Te goed om waar te zijn. Te ongelofelijk om te geloven. Maar toch, als je kijkt naar de engel zou je denken dat hij het meent. Frederick Buechner:

> Ze lachen omdat iets in hen gelooft dat het waar is. Ze lachen omdat een ander deel van hen weet dat alleen een dwaas zoiets kan geloven. Ze lachen omdat lachen beter is dan huilen en misschien niet eens zo heel verschillend is. Ze lachen omdat, stel dat op één of andere onmogelijke manier toch zou gebeuren wat net voorspeld is, ze echt iets hebben om over te lachen.

Het is de vermoeide, betraande, gelukkige lach van Maria als ze Jezus net gebaard heeft en beseft dat niets ooit meer hetzelfde zal zijn.

Het is de lach op de gezichten van Andreas, Simon, Matteüs en Johannes als Jezus hen uitnodigt om 'bij Hem te zijn'. Het avontuur gaat beginnen en zij mogen er bij zijn!

Het is de diepe, extatische schaterlach van Jezus als Hij voor het eerst herkend wordt om wie Hij is door zijn discipelen: Petrus, op jou bouw Ik de kerk!

Het is de lach die dicht ligt bij de traan en die het begin markeert van een leven dat je stoutste dromen overtreft. Iets dat helemaal niet kan gaat toch gebeuren. Je gaat leren wat het betekent om echt te leven!

Oefeningen na hoofdstuk 5

Van *Vreugdevolle kennismaking* naar *Radicale keuzes*

Houd een week lang elke dag een logboek bij. Schrijf in dat logboek je gedachten op over de volgende vragen:

- Welke reactie roept Gods genade bij jou op?
- Welke gebieden van mijn leven vind ik moeilijk om over te geven aan God?
- Waarom?
- Wat is de grootste angst die mij tegenhoudt om alles aan God over te geven?
- Stel dat ik de stap naar de volgende fase niet wil nemen, wat is dan het alternatief voor mijn leven?

Als je de stap van *Vreugdevolle kennismaking* naar *Radicale keuzes* wilt zetten kun je een gebed zoals hieronder bidden:

Here Jezus, hier ben ik.
Dank U dat ik de schat heb mogen vinden!
Dank U dat U in mijn leven bent gekomen.
Dank U dat U mij nu roept om U helemaal te volgen.
U vraagt al mijn geld, bezit, vaardigheden, tijd, relaties en vermogens.
Ik geef het U.
Dank U dat ik het aan U terug mag geven.
Ik wil U volgen waar U mij ook heen wilt leiden.
Ik wil U gehoorzamen wat U mij ook vraagt.
De rest van mijn leven ben ik uw dienaar.
Ik leef voor uw eer, niet langer voor de mijne.
Dank U voor die genade.
Amen.

Derde fase: Radicale keuzes

Het deel *Radicale keuzes* beschrijft hoe de discipelen alles achterlaten en Jezus gaan volgen. Hun radicale navolging van Jezus wordt vertaald naar ons leven. Er zijn dingen waar je mee moet stoppen, zaken waar je mee moet beginnen en een paar dingen die je nog niet moet willen. Deze fase, beschreven in de hoofdstukken 6 en 7, wordt geïllustreerd met een bezem: het is tijd voor een grote schoonmaak. Er wordt afgesloten met een aantal opdrachten en oefeningen.

Jezus zei tegen hen: 'Kom, volg mij!'
Marcus 1:17

En zij lieten alles achter en volgden Hem.
Lucas 5:11

De oproep van Jezus tot navolging maakt de discipel tot enkeling. Of hij wil of niet, hij moet een beslissing nemen, hij moet alléén een beslissing nemen. (...) Ieder is alléén geroepen. Hij moet alléén volgen.
Dietrich Bonhoeffer

Hoofdstuk 6
Radicale keuzes

De zomer is voorbij. Het is nog heerlijk vertoeven in het schitterende gebied bij Kafarnaüm. De bergen, het uitgestrekte meer, de bomen, de planten, de dieren… Het leven is goed en lacht de Galileeërs toe. Maar toch, de zomer is voorbij, het is september. Maar dat niet alleen. De fase van *Vreugdevolle kennismaking* is voorbij. Het is mooi geweest, maar het is tijd voor een volgende stap.

Kom, volg Mij

Na alle feesten en snelle resultaten keren de discipelen terug naar hun baan en huis. Jezus verhuist van Nazaret naar Kafarnaüm en gaat daarna weer op reis. Dit keer alleen. De vrienden kunnen het zich niet permitteren Jezus voortdurend te volgen. Ze moeten eerst weer even wat sparen en dan, misschien over een paar maanden, kunnen ze weer mee op avontuur. Jezus spreekt ondertussen in verschillende dorpen en steden in Galilea. Daarover staat maar weinig in de evangeliën. Dat is ook wel logisch, want geen van zijn vrienden is er bij. De gesprekken met bijvoorbeeld Nicodemus en de Samaritaanse vrouw worden zo gedetailleerd weergegeven, dat het haast niet anders kan of Johannes, de schrijver van het evangelie waarin deze verhalen staan, is zelf aanwezig geweest bij die gesprekken. Maar bij deze preektournee is Jezus alleen. Het staat met een paar korte zinnetjes in de evangeliën:
'Hij gaf onderricht in de synagogen en werd door allen geprezen.'
En: 'Nadat Johannes (de Doper) gevangen was genomen, ging Jezus naar Galilea waar Hij Gods goede nieuws verkondigde.'
Tijdens die preektournee preekt Jezus ook in zijn vroegere woonplaats, Nazaret. Daar gaat het voor de eerste keer mis. Nadat Jezus aangeeft dat God houdt van uitzonderingen en de weduwe van Sarepta en Naäman daarvan het levende bewijs zijn, worden zijn

vroegere buren zo boos dat ze Hem willen lynchen. Maar het stille vuur en de bovennatuurlijke autoriteit van Jezus worden op bijzondere wijze openbaar. 'Hij liep midden tussen hen door en vertrok.' De eerste moordaanslag is een feit. Er zullen er nog vele volgen, en snel ook. Jezus gaat naar Jeruzalem en geneest bij de poel van Betesda een man. Jezus had daar alle zieke mannen en vrouwen kunnen genezen. Maar Hij doet het niet. God heeft de vrijheid om God te zijn.
De man vertelt de Joodse leiders dat Jezus hem heeft genezen en in de confrontatie die volgt zegt Jezus: 'Mijn Vader werkt aan één stuk door, en daarom doe Ik dat ook.' Vanaf dat moment proberen de Joden Hem te doden. Jezus ondermijnt niet alleen de sabbat, Jezus noemt bovendien God zijn eigen Vader en Hij stelt zichzelf gelijk aan God.

Het wordt menens

Al lezend in de evangeliën krijg je de indruk dat Jezus na de moordaanslagen in Nazaret en Jeruzalem terugreist naar Kafarnaüm. 's Avonds laat komt Hij daar aan. De volgende morgen vroeg gaat Jezus meteen naar het strand. Hij weet dat Hij daar zijn vrienden zal vinden. Na een nacht vissen zijn de mannen bezig hun visgerei op te ruimen. Ze willen naar huis gaan voor de nodige rust. In de maanden daarvoor zijn Johannes, Jakobus, Petrus en Andreas goede vrienden van Jezus geworden. Zij hebben de reis van Jezus door Galilea en naar Jeruzalem niet meegemaakt, maar hun gewone werk weer opgepakt. Dat gaat nu veranderen.
Jezus komt eerst de boot van Simon en Andreas tegen. De woorden die Hij spreekt zijn kort en zakelijk: 'Kom, volg Mij. Ik zal jullie vissers van mensen maken.' Ze laten meteen hun netten achter en ze volgen Jezus. Iets verderop ziet Jezus de boot van Johannes en Jakobus. Simon en Andreas lopen haastig achter Jezus aan. Half struikelend kijken ze nog een keertje achterom. Daar ligt hun boot. Hier lopen zij, achter Jezus aan.
Johannes en Jakobus repareren hun netten. Ze hebben de hele nacht hard gewerkt. Het is misschien een stormachtige nacht ge-

weest. Geen wonder dat ze niets gevangen hebben. Jezus roept Johannes en Jakobus en ook zij volgen Jezus.
Maar waar nu heen?
Ze kunnen nergens heen, want het nieuws heeft zich als een lopend vuurtje door Kafarnaüm verspreid. 'Jongens, snel, Jezus is terug!' 'Echt?' 'Ja, echt, ik heb Hem zien lopen, op het strand bij het meer. Hij stond bij de boot van Simon en Andreas en toen is Hij weer verder gelopen. Maar kom nu maar snel, dan kun je Hem zelf zien!' De mensen stromen toe. De tienerjongens rennen juichend en lachend als eersten het strand op! Ze springen Jezus om de hals! Want ook zij kennen de verhalen van de wijn, het feest, de genezingen en de opwekking in Samaria. En Jezus is een beetje van hen. Hij woont in hun dorp! Moeders haasten zich naar het strand, de kinderen op de arm en aan de rok. Vaders lopen snel naar het strand, de handen nog schoonvegend aan een doek. Het hele dorp komt Jezus verwelkomen. Kafarnaüm stroomt leeg. Lucas zegt dan: 'Toen Jezus eens aan de oever van het Meer van Galilea stond – waar Hij net Simon, Andreas, Johannes en Jakobus had geroepen – en het volk zich om Hem heen verdrong om naar het woord van God te luisteren, zag Hij twee boten liggen.' Jezus stapt in de boot van Simon en vraagt hem iets van de kant te varen zodat Hij vanuit de boot 'de menigte' kan onderrichten.

Van Vreugdevolle kennismaking naar Radicale keuzes

Simon zit in zijn boot en alles klopt. Hij zit in *zijn* boot. Op *zijn* meer. Bij *zijn* dorp. De mensen die daar staan, zijn *zijn* mensen, *zijn* wereld. En Jezus heeft *zijn* boot als preekstoel gekozen. Jezus is *zijn* vriend.
De nazomerse zon schijnt. De temperatuur is heerlijk. De woorden van leven klinken over het water en weerkaatsen tegen de muren van de huizen. De mensen luisteren ademloos. Wie heeft dit ooit kunnen denken?!
Maar dan is Jezus klaar met preken. Hij draait zich om en kijkt Simon aan: 'Vaar naar diep water en gooi je netten uit om vis te vangen.'

Dit kan niet waar zijn! Dit moet een grap zijn! Duizend en één excuses komen bij Simon boven. 'Ja maar Heer, ziet U niet al die mensen op de oever van het meer staan? Dat zijn mijn vrienden en familie. Zij kennen mij als een goede visser. Ik ben een voorbeeld voor de beginnende vissers. Iedereen kijkt tegen mij op. En iedereen weet dat je overdag niet moet gaan vissen. Dat werkt niet! En al helemaal niet in diep water! In ondiep water kun je nog wel eens vissen vangen, maar in diep water kun je het wel vergeten! Jezus, U zet mij voor schut voor alles en iedereen die mij lief en dierbaar zijn. Doe mij dit niet aan!'
'Vaar naar diep water en gooi je netten uit om vis te vangen.'
'Ja, maar Jezus, U volgen is toch één groot feest?! Weet U nog? De bruiloft in Kana? Het gezicht van die ceremoniemeester toen hij de nieuwe wijn proefde! Wat hebben wij toen gelachen! En hoe U de handelaars in de tempel heeft aangepakt. Fantastisch! Maar doe mij dit niet aan. Niet hier. Niet nu.'

Het keerpunt
Dit is het keerpunt. Van *Vreugdevolle kennismaking* naar *Radicale keuzes*. Jezus vraagt je om voor gek te staan voor de mensen die jou kennen. Alles in jou komt in opstand. 'Niet hier! Niet nu!' Maar Jezus zegt het wel. 'Ga maar op het podium staan en vertel de mensen wat je van Mij vindt.' Je begint te kermen: 'Ja, maar Heer, weet U wel hoe eng dat is? (Spreken in het openbaar is een van de grootste angsten van mensen.) Ik wil alles wel voor U doen. Stuur me maar naar de Himalaya of naar Afrika, maar laat me alstublieft niet op dat podium staan om een getuigenis af te leggen.' En Jezus herhaalt Zijn woorden gewoon: 'Ga maar op dat podium staan en vertel de mensen wat je van Mij vindt.' Of: 'Laat je dopen.' Of: 'Geef dat geldbedrag weg.' Of: 'Ga deze zomer op zendingsreis naar dat land.' Of: 'Ga fulltime bij die zendingsorganisatie werken en leef van giften.' 'Oeps! Leven van giften?' Of: 'Vertel de politie de misdaden die je hebt gedaan voordat je tot bekering kwam.' Of: 'Vertel je vroegere baas dat je van hem gestolen hebt.' Of: 'Vraag vergeving aan je ouders voor jouw gedrag.' Of:

'Vertel iemand anders die zonde waar je je zo voor schaamt.'
En opeens is het volgen van Jezus een stuk minder leuk.
Dit heb je niet verwacht. En toch gebeurt het. Jezus vraagt je datgene te doen waar je zo bang voor bent.
Het klinkt misschien stom. Het is misschien niet wat je wilt horen. Maar de enige manier voor jou om verder te komen in je relatie met Jezus, is door te doen wat Hij jou heeft gevraagd. Je kunt op weg naar het overvloedige leven geen stukje afsnijden. Ook kun je je route niet zelf uitstippelen. Het gaat om leren leven als leerling en Jezus stippelt de route uit. Hij geeft de marsorders. Hij weet wat het optimale trainingsprogramma voor jou is.
Wees een dwaas voor Christus. Een zot voor God. Het is het een of het ander. Als jij verder wilt groeien met Jezus zal Hij je brengen op plekken waar je liever niet wilt zijn. Hij zal je voor keuzes stellen die jij zelf al jaren vakkundig uit de weg bent gegaan. Hij doet dat niet om je te pesten. Hij doet het ook niet omdat Hij een hekel aan je heeft. Hij doet dat vooral om je te laten zien wat er in je hart leeft. Hij doet dat om je open en ontvankelijk te maken voor zijn leiding en werk in jouw leven. Het is pas na deze publieke afgang – zo voelde het in ieder geval aan het begin voor Simon – dat je er achter komt wat er in je hart leeft: 'O Heer, ga weg van mij, want Ik ben een zondig mens.'

Jezus wil ons hart

Wij zijn acteurs. Wij zijn getraind in het dragen van maskers. Een klein kind draagt nog geen maskers. Het kan nog niet verbergen hoe het zich voelt. Veel van wat wij 'volwassen worden' noemen is 'leren verbergen wat in je leeft'. Groeien in geestelijk leven betekent dat jouw binnenkant en jouw buitenkant weer meer gaan 'matchen'. Je mag zijn wie je bent en laten zien hoe je je voelt. Ook hierin heeft Jezus het ons voorgeleefd. In de evangeliën staan meer dan twintig emoties van Jezus beschreven. Hij heeft een rijk gevoelsleven en Jezus heeft dat geuit in een rijke variëteit van emoties.
Bij ons komen innerlijk en uiterlijk meestal niet overeen. Wij dra-

gen onze kleren. Want kleren maken de man en de vrouw. Onze make-up vertelt hoe wij ons niet voelen en onze glimlach verbergt onze pijn. Maar Jezus wil voorbij de kleren, voorbij de make-up en voorbij de glimlach komen. Hij wil komen in die kamers van je hart waar de echte 'jij' zich bevindt. En die jongen en dat meisje zijn veel jonger dan je van de buitenkant zou zeggen. Van buiten ben je misschien wel 40 of 50 of 20. Van binnen ben je een kleine jongen en een klein meisje. Ik zie dat bij mezelf. Op de momenten dat ik stil word voor God en ik alleen ben met Hem, dan ben ik opeens een heel andere Henk dan in het normale, sociale leven. In het maatschappelijk leven ben ik Henk. Alleen bij mijn Vader ben ik 'Henkje'. De eerste jaren van mijn volgen van Jezus heb ik veel gebeden opgeschreven in schriften. Laatst las ik zo'n gebed weer eens terug. Ik schreef altijd eerst een bladzijde met een 'aanbiddend' gebed en op de tweede bladzijde beschreef ik dan de vorige dag. Ik zal een paar regels citeren:

> 'Gisteren was een mooie dag. Veel dingen heb ik gedaan en uw hand was op mij. Ik moest studie geven op Impuls – een bijbelstudiegroep bij ons op school – ik was er wel zenuwachtig voor. Wilt U me vergeven dat ik teveel op de mensen zag en te weinig op U? De studie kwam misschien ook niet helemaal goed over. Men vond dat ik het te simpel zei. Wilt U de studie toch gebruiken tot uw eer? Heer, wilt U er toch mee verder gaan in de harten van uw kinderen? 's Middags heb ik in één keer *De Metsiers* uitgelezen, een boek voor Nederlands. Die boeken zijn beslist niet tot uw eer en toch lees ik ze. Dat moet ook voor school. Wilt U mij er mee helpen, of ik die boeken wel of niet moet lezen? De volleybaltraining ging wel lekker. Ons team heeft met 15-12 verloren van Reynauld (onze trainer) in zijn eentje.'

Ik was toen 17 jaar oud. Maar van binnen was ik nog heel jong, zoekend naar de goede weg in 'goddeloze' boeken die ik moest lezen, onzeker over studies die ik gaf en met God delend dat ik verloor met volleybal.

Dit stukje uit mijn gebedsdagboeken is onschuldig, bijna aandoenlijk. Maar er zijn ook veel bladzijden waar worsteling met zonde

uit spreekt: worsteling om rein te blijven in gedachten, om nederig te zijn en niet jaloers.
Wij dragen onze maskers, maar Jezus wil ons hart. En zelfs in de eerste fase van een leven met Jezus kunnen heel veel maskers intact blijven. Ja, je hebt Jezus leren kennen. Misschien ken je Hem al van jongs af aan. En het is goed, mooi en leuk. Geniet er maar van! Maar Jezus wil je verder brengen. Hij wil je leren leven in overvloed.
Ik sta er steeds weer verbaasd over hoeveel er speelt achter 'de christelijke glimlach'. We houden elkaar massaal voor de gek. 'Het leven met Jezus is één groot feest.' Natuurlijk, dat is het ook. Maar je mag ook eerlijk zijn over hoe het echt met je gaat. Je mag eerlijk worden over de pijn en wonden die je hebt opgelopen door afwijzing van ouders of vrienden. Je mag eerlijk worden over eenzaamheid, over een knagende onrust in je ziel. Je mag eerlijk worden over het feit dat je teveel eet, tv kijkt, masturbeert, over het internet surft. Je mag eerlijk worden over de chaos in je hoofd, de oorlog in je hart. Je mag eerlijk worden over het gebrek aan romantiek in je huwelijk, het sporadisch kunnen genieten van seks, het verwonden van jezelf. Je mag eerlijk worden over het feit dat de mening van andere mensen en de angst voor afwijzing wanneer 'zij' er achter komen wie jij werkelijk bent, jou gevangen houdt in de kerker van je eigen hoofd. Jij bent niet de enige! Jij bent niet de uitzondering! God wil jou genezen en je verder helpen.
Wij willen genieten van het leven. Wij willen lachen en we hopen dat de fase van de Vreugdevolle kennismaking voor eeuwig duurt. De intensiteit en blijdschap van die fase mag je tot in lengte van dagen gaan ervaren. Maar op andere, diepere manieren dan jij nu denkt. Je mag zo gaan leren leven dat je niet alleen lacht om de schepping van wijn, maar dat je zelfs kunt lachen met een kapot geslagen rug in een muffe, ondergrondse kerker.

Teleurstelling

De oproep van Jezus om het ondenkbare te doen komt na een periode van teleurstelling: 'Meester, de hele nacht hebben wij ons ingespannen en niets gevangen!' 'Jezus, het is allemaal zo goed begonnen! Het lijkt allemaal zo veelbelovend! Ik dacht dat het leven met U altijd zo mooi, ongedwongen en onbevangen zou blijven als die eerste weken! Maar het lijkt wel alsof ik U kwijt raak. Het lijkt wel alsof ik U steeds minder ervaar, alsof steeds minder lukt. Maar de schijn moet ik hoog houden. Ik ben nu eenmaal de stoere visser, meester in het doorgronden van de geheimen van dit meer...'

Ik ken ook die periodes van teleurstelling in het volgen van Jezus. Rond mijn zeventiende verjaardag maakte ik een aantal radicale keuzes voor God. Net als Petrus ervoer ik een ontmoeting met Jezus. Net als Petrus besefte ik dat Hij al mijn zonde en vuiligheid helemaal doorzag. Het was buigen of barsten. Ik boog.

Het was een periode van *Vreugdevolle kennismaking* en *Radicale keuzes*. Wat waren het heerlijke maanden! Mijn vreugde in de Heer kon niet op. Elke ochtend had ik voordat ik naar school ging een uur stille tijd. En eigenlijk vond ik dat nog te weinig. Ik las elke week tientallen hoofdstukken uit de Bijbel en in ieder geval één geestelijk opbouwend boek. Ik had een enorme honger naar God.

Vanuit mijn enthousiasme begon ik ook meteen met allerlei activiteiten om zoveel mogelijk mensen kennis te laten maken met de God die ik had ontmoet. Meerdere keren per week leidde ik bijbelstudies. Ik voerde persoonlijke gesprekken. Ik leidde evangelisatieacties. Het kon allemaal niet op.

Dat jaar was mijn laatste jaar op de middelbare school. Na mijn examen zou ik gaan studeren in Enschede. Ik haalde de eindstreep maar net. Niet qua cijfers, maar wel qua energie. In september had ik Jezus ontmoet. In mei was ik *total loss*. Wat was ik blij dat ik kon verhuizen uit mijn woonplaats. Mijn leven was helemaal dichtgeslibd met allemaal goede activiteiten. Het tempo dat ik zelf had gecreëerd kon ik niet meer aan. Door mijn verhuizing naar Enschede, waar niemand mij kende en ik in het begin helemaal niets hoefde te doen, kon ik tot rust komen en reflecteren.

Ik was in een klassieke valkuil getrapt. Vanuit mijn eerste enthousiasme voor God was ik te hard van stapel gelopen en had ik te veel gedaan. Ik had de gefaseerde groei van Jezus' discipelen niet als voorbeeld genomen. Ik wilde te veel, te snel. Ik had veel vaker 'nee' moeten zeggen. Ik had een goede mentor moeten zoeken die mij door die eerste maanden had kunnen begeleiden. Gelukkig liep ik geen blijvende schade op. Sommige mensen overkomt dat wel. Die raken overspannen of verliezen hun geloof door vanuit hun eerste enthousiasme en jonge geloof veel te hard van stapel te gaan. Voor geestelijke leiders is het belangrijk om dit te onderkennen. Mensen die pas tot geloof komen, willen graag. Ze zijn enthousiast en soms moeilijk te sturen. Maar geef christenen in de fase van *Vreugdevolle kennismaking* en *Radicale keuzes* niet teveel verantwoordelijkheden! Ze knappen er op af en de schade die je veroorzaakt is groot. Geef mensen de tijd en de begeleiding om te groeien. Mensen in de fase van *Leren* en *Vruchtdragen* hebben voldoende fundament opgebouwd om in balans een bediening op te bouwen. Help mensen in de fase van *Vreugdevolle kennismaking* en *Radicale keuzes* eerst om de stappen te zetten die bij deze periodes horen: het maken van radicale keuzes, het opruimen van zonde en wonden, het ervaren van bevrijding en het opbouwen van een persoonlijke relatie met God.

Het toch doen

Hoewel het eng is en hoewel Simon voor zijn gevoel afgaat, gehoorzaamt hij toch. Met de ogen dicht. Met kloppend hart. Balend. Maar ook vertrouwend. Dat is de ongelofelijke kracht van de fase van *Radicale keuzes*. De kracht die vrijkomt door God: het toch doen! Toch de brief met de excuses schrijven. Toch de stap nemen naar doop of belijdenis. Toch de zonde in het licht brengen en met iemand bespreken. Toch eerlijk worden naar jezelf over de werkelijke staat van je leven.

Toch doe je datgene waar je zo bang voor bent en wat zo dwaas lijkt en... het wonder gebeurt! Schepen vol met vis!

Een van de heel belangrijke dingen die Jezus je wil leren is dat het leven geen solo-actie is. Leren leven heeft alles te maken met leren samenleven. Simon leert dat in deze eerste les: Hij moet een ander schip te hulp roepen omdat de overvloed die Jezus geeft in reactie op zijn gehoorzaamheid, te groot is voor een schip alleen. Wat Jezus jou wil geven is te veel voor één persoon, te veel voor één leven. Zodra je Jezus begint te volgen begint zijn zegen overvloedig te stromen. Heel natuurlijk roep je vrienden erbij en laat je mensen meedelen in de rijkdom die God je geeft.

De reactie van Simon Petrus

Er breekt iets open bij Simon. Ineens lijkt hij te beseffen Wie hij hier voor zich heeft. De bootjes deinen op het meer. De zon schijnt. De vissen spartelen. Johannes, Jakobus en Andreas roepen opgewonden door elkaar door het wonder dat zich onder hun ogen voltrekt. Maar voor Simon vervaagt dit alles. De stemmen klinken als van ver. De vis spartelt kilometers onder hem in de boot. Kippenvel. Hoewel het warm is heeft hij het opeens ijskoud. De omgeving valt weg. Het gaat nu alleen tussen hem en Jezus. Tussen Jezus en Simon.

Hij valt op zijn knieën. Wat hij meemaakt is te veel. Hij steunt: 'Ga weg van mij Heer, want ik ben een zondig mens.'

Wat heeft Simon gezien? Simon ziet het wonder. En wat is het wonder? Het wonder is niet dat er twee schepen vol met vis zijn gevangen. Dat komt wel vaker voor op dit meer. Het wonder is dat zij op klaarlichte dag naar diep water zijn uitgevaren. Diep water wordt ondoorzichtig. Het wordt zwart, of groen, of blauw. Maar je kunt er niet doorheen kijken. Je vaart over een muur van inktzwart water. Ze zijn uitgevaren en Jezus heeft gezegd: 'Oké, gooi hier het net maar uit.' En plots zitten de netten boordevol vis! Simon beseft: 'Jezus kan dwars door gitzwart water kijken en zien waar de vis zwemt. En als Jezus dwars door ondoordringbaar water heen kan kijken, dan kan Hij ook dwars door mijn buitenkant heen kijken, recht in mijn hart.' Het hart van Simon wordt bloot gelegd... Hij ziet mij, Hij kent mij. Voor Hem kan ik geen verstoppertje spelen. Hem kan ik niet voor de gek houden. Want die ogen... Die ogen zien alles.

Dan komt alles ineens zoveel dichterbij. Het is niet meer zo vrijblijvend. Het is mooi om Jezus te volgen, maar ineens, onverwacht, confronteert Jezus je met jezelf. 'Wat huist daar nog allemaal in jou? Ik zie het allemaal, dus je hoeft het voor Mij niet te verbergen.' Jezus maakt je duidelijk dat Hij weet wat er leeft in jouw hart, zodat jij gaat beseffen dat je niet langer mooi weer hoeft te spelen. Welke zonde leeft er nog in jouw hart? Welke teleurstelling draag jij met je mee? Wat is jouw pijn? Jouw hart ligt open voor de God die dwars door pikzwart water heenkijkt en ziet waar de vis zwemt.

Als Jezus dichterbij komt wordt het eng. Voor Simon komt Jezus te dicht bij: 'Ga weg! Ga weg! Want U komt te dichtbij! Dit wilt U niet zien. Dit mag U niet zien! U bent hier op mijn meer, in mijn boot. U doet mijn werk beter dan ik dat zelf kan. U woont in mijn stad, in mijn dorp. Mijn vrienden zijn nu Uw vrienden. Mijn hele leven hebt U doortrokken van Uw aanwezigheid. Dit gaat niet langer over het vrolijk volgen van U en avonturen beleven. Dit doortrekt mijn hele leven. En U komt uit bij mijn hart… Ga alstublieft weg!'

Weg uit de normaliteit

Jezus gaat niet weg. Hij zegt tegen Simon: 'Kom maar, ga jij maar weg. Trek jij maar eens even weg uit de routine van jouw leven, want Ik heb je een aantal zaken te leren.' Wil je dichter naar Jezus toegroeien? De kans is groot dat Jezus een aantal patronen in je leven wil veranderen. Hij wil de 'normaliteit' van jouw leven aanpassen. Vanaf het begin is dit al Gods manier van omgaan met mensen. Toen Mozes met het volk Israël door de woestijn trok had hij de gewoonte om een speciale tent, waar hij God persoonlijk kon ontmoeten, op ruime afstand buiten het kamp neer te zetten.

> Mozes sloeg steeds buiten het kamp, op geruime afstand ervan, een tent op die hij de ontmoetingstent noemde. Ieder die de Here wilde raadplegen, ging naar de ontmoetingstent buiten het kamp.

Buiten het kamp. Dat is: buiten de sleur en normaliteit van het leven. Wij hebben sleur en normaliteit nodig om ons veilig te kunnen voelen. Maar sleur en normaliteit stompen altijd af. Je verliest de realiteit uit het oog. Het leven krijgt het formaat van je auto, je baan, je hond en de paar mensen om je heen. Terwijl God je heeft gemaakt om een heerlijke rol te spelen in een kosmisch drama! Hoe tekenend is het dan dat ieder die God wil ontmoeten uit alle normaliteit stapt, uit alle veiligheid en alle gewenning. Buiten de normaliteit ontmoet je God.

'I'm a poor lonesome cowboy'

Vanaf nu wordt alles anders. Als ik de laatste woorden van Lucas 5:11 lees: 'Zij lieten alles achter en volgden Hem' dan heb ik steeds het laatste plaatje van de strips van Lucky Luke voor ogen. Je ziet de discipelen afscheid nemen en wat proviand pakken. Ze slaan de bergweg in, op weg naar plekken waar ze nooit eerder geweest zijn om dingen mee te maken die ze nooit eerder hebben meegemaakt. En Lucky Luke zingt: '*I'm a poor lonesome cowboy, and I'm a long long way from home...*' Het is de romantiek van het onbekende. De belofte van leven. De vrienden beginnen tegelijkertijd aan een nieuw leven. Toch bereikt de roeping van Jezus hen allen heel persoonlijk. Ieder moet voor zichzelf een keuze maken. Johannes volgt niet omdat zijn vriend en zijn grote broer Jezus ook gingen volgen. Johannes volgt Jezus omdat hij zelf Jezus wil volgen. Dietrich Bonhoeffer zegt hierover:

> De oproep van Jezus tot navolging maakt de discipel tot enkeling. Of hij wil of niet, hij moet een beslissing nemen, hij moet alléén een beslissing nemen. (...) Ieder is alléén geroepen. Hij moet alléén volgen. (...) Christus wil de mens eenzaam maken, hij mag niets zien dan degene die hem riep.

In het volgende hoofdstuk wordt uitgewerkt hoe dat radicale volgen er in de praktijk uitziet.

De roeping van God is als de roep van de zee, die niemand hoort behalve de mensen die de zee in hun hart hebben. Het doel van Gods roeping valt niet exact te omschrijven, omdat zijn roeping in kameraadschap met Hemzelf moet zijn. En waar het voor ons op aankomt, is te geloven dat God weet wat Hij op het oog heeft.
Oswald Chambers

De geestelijke oefeningen zijn gegeven om ons ten goede te komen. Ze dienen om de overvloed van God in ons leven te brengen. Het is echter mogelijk om ze te verdraaien tot een stel dodelijke wetten.
Richard Foster

Tussen ons en de hel of hemel, is enkel, halverwege, het leven, het meest kwetsbare dat er op de wereld bestaat.
Blaise Pascal

Hoofdstuk 7
De weg naar vrijheid

De fase van *Radicale keuzes* is een fase waarin je vrij onopvallend, in de luwte, mag kijken en luisteren en vooral radicale keuzes mag maken. De volgende stappen in deze fase van *Radicale keuzes* worden in dit hoofdstuk behandeld:

1. Dingen waar je radicaal mee moet breken.
2. Dingen die je moet gaan doen.
3. Dingen die je nog niet moet gaan doen.

1. Dingen waar je radicaal mee moet breken

Als Jezus tegen de vier vrienden en later tegen Matteüs zegt: 'Volg Mij', dan impliceert dat een achterlaten van alle oude patronen van hun leven. Vanaf nu gaat alles anders! In onze tijd hoeven wij niet direct banen, opleidingen en gezinnen achter ons te laten om achter Jezus aan te gaan. Jezus trekt nu niet meer fysiek over de aarde, maar Hij leeft in ons hart. Het 'Volg Mij!' heeft echter nog niet aan kracht ingeboet. Het volgen van Jezus betekent een afkeren van je oude, negatieve levenspatronen en het aanleren van nieuwe, opbouwende levenspatronen. In je nieuwe levenspatronen spelen 'kijken en luisteren' een grote rol. In je oude levenspatronen spelen je zonden en wonden een grote rol.

Zonden

Onder 'zonden' verstaan we die zaken die jij hebt gedaan (of nagelaten) waardoor je God, je medemens of jezelf schade hebt berokkend. Mensen die Jezus niet kennen, kunnen soms heel verbaasd en oprecht zeggen: 'Zonde? Wat is dat? Ik heb eigenlijk nog nooit echt zonde gedaan. En als ik het heb gedaan, dan toch vast maar een paar keer.' Hoe kan het dat mensen die volgens de Bijbel in zonde leven, zelf denken dat ze nog helemaal niet zo slecht zijn en dat mensen die met Jezus leven, zo'n diep besef van zonde kunnen hebben? Dat komt doordat je slechtheid pas echt leert kennen vanuit goedheid. Hoe slechter je bent, hoe moeilijker het wordt om slechtheid te herkennen. Als je tien moorden hebt gepleegd zul je een elfde moord veel minder slecht vinden, dan iemand die nog nooit een moord heeft gepleegd. Als je leeft in een donkere kamer zul je de kamer veel minder vies vinden dan iemand die diezelfde kamer vanuit het licht bekijkt. Wanneer het licht van Gods genade een mens verlicht krijgt hij pas echt zicht op zijn eigen slechtheid. In de genadige timing van God laat Hij zijn discipelen niet ineens al hun zonde en slechtheid zien. Het is in de fase van Radicale keuzes dat mensen vaak een grote schoonmaak in hun leven gaan houden.

Zonde belijden
God wil dat je je zonden belijdt. Belijden betekent: 'Hetzelfde vinden als...' Zonden belijden betekent dus dat je hetzelfde van je zonden vindt als God. Dit impliceert dat het belangrijk is om in het belijden van zonden de dingen bij hun naam te noemen. Er zijn veel christenen die bidden: 'Wilt U mij alle zonden van vandaag vergeven.' Dat is een nutteloos en krachteloos gebed. Het is geen belijden van zonde. Je kunt zo'n zinnetje gedachteloos opzeggen, zonder in de verste verte te beseffen wat je verkeerd hebt gedaan en waarom dat verkeerd is. Het is belangrijk om zonden bij de naam te noemen en je spijt aan God te betuigen. Je hoeft je zonden daarbij niet 'op te sparen' tot het eind van de dag, maar je kunt een zonde belijden op het moment dat je je ervan bewust wordt.

Vergeven en vergeten?!
De Bijbel zegt in Jesaja 43:24,25:

> Je hebt Mij met je zonden belast, Mij vermoeit met al je schulden.

Ik, Ik ben het, die omwille van Zichzelf je misdaden teniet doet en je zonden vergeet.

Deze tekst zegt een paar bijzondere zaken over zonde.
Ten eerste ráken jouw zonden God. Dat is het wonder van de God van de Bijbel, de enige, ware God. Jouw doen en laten 'raakt' Hem. Je kunt Hem kwetsen of blij maken. Hij is betrokken en Hij wil jouw liefde. Hij is zo anders dan bijvoorbeeld Boeddha die door geen lijden of slechtheid uit zijn glimlachende evenwicht gebracht kan worden.
Ten tweede zegt de tekst dat God het initiatief heeft genomen om de schuld en zwaarte van jouw misdaden teniet te doen en jouw zonden niet alleen te vergeven, maar ook te vergeten!
1 Johannes 1:9 zegt:

> Indien wij onze zonden belijden, God is getrouw en rechtvaardig om ons de zonden te vergeven en ons te reinigen van alle ongerechtigheid.

Dat is een machtige tekst! Wanneer jij belijdt wat jij weet, mag je weten dat je volkomen vergeven bent, ook van die zonden die je misschien vergeten bent. Je mag dus heel ontspannen en vrij leven met God. En jouw zonden worden niet alleen vergeven, ze worden door God ook vergeten! Dat betekent dat jij dingen kunt weten die God al niet meer weet. Wij kunnen zonden doen die ons maar blijven achtervolgen. Misschien heb je een bepaalde zonde al honderden keren beleden en blijf je je er steeds weer schuldig over voelen. De waarheid is dat als jij je zonde hebt beleden, jij vergeven bent! Je probleem is dan niet de vergeving. Jouw probleem is dan dat jij je vergeving niet kunt ervaren. De schuld van de zonde blijft bestaan in de gevangenis van je eigen hoofd.

De weg naar bevrijding uit de gevangenis in je eigen hoofd
De weg naar genezing van je schuldgevoel is: vertellen aan iemand anders.

> Belijd daarom *elkaar* je zonden en bid voor elkaar, opdat je genezing ontvangt.

Waarom moet je zonden aan elkaar belijden? Niet om vergeving te ontvangen, want God vergeeft jouw zonden. De tekst spreekt niet over vergeving, maar over genezing! Als jij vergeving wilt gaan ervaren en als jij genezing van je schuldgevoel wil, dan is de weg daar naartoe om het aan iemand anders te vertellen. Efeziërs 5:13 zegt: 'Want alles dat aan de dag komt is licht!' Op het moment dat je de zonde niet alleen aan God belijdt, maar ook aan iemand anders, dan breng je het in het licht en wordt de angel van de leugen van satan die je gevangen kan houden in de kerker van je eigen hoofd, verbroken.

Ik heb het zelf vaak genoeg meegemaakt. Keer op keer kon ik God voor bepaalde steeds terugkerende zonden om vergeving vragen, maar er trad geen verandering op. Tot ik mijn zonden in het licht bracht. Ik vertelde het aan vrienden of mijn vrouw en vroeg of ze voor me wilden bidden. Met het uitspreken, kwamen het licht en de rust al binnen stromen!

Wonden

Je hebt niet alleen te maken met zonden, maar ook met wonden. Tussen je zesde en je achttiende levensjaar heb je zo'n 150.000 keer te horen gekregen dat je iets niet kunt, iets niet zou moeten willen of iets niet mag. Weet je wat het gevolg is? Je bent het gaan geloven. Je bent gaan geloven dat je allerlei dingen niet kunt, dat je allerlei dingen niet mag en dat je allerlei zaken niet zou moeten willen.

God wil jouw wonden genezen. De weg naar genezing van je wonden gaat op dezelfde manier als de vergeving en genezing van zonden. Het begint met het meedogenloos eerlijk worden tegen jezelf en God. Waar zit de pijn? Wie ben je als niemand kijkt? Hoe gaat het nu echt met je?

Het kan goed zijn om de gebeurtenissen die je wonden hebben veroorzaakt op te schrijven. Het helpt je om je wonden te concretiseren en in gebed bij God te brengen. De tweede stap is om je wonden in het licht te brengen. Neem een betrouwbaar persoon in vertrouwen. Vertel wat er stuk gemaakt is in je leven en vraag om gebed. Het kan zijn dat je extra begeleiding en coaching nodig hebt om genezing van je wonden te gaan ervaren. Vraag je voorganger of iemand van het pastorale team van je gemeente om je hierin verder te begeleiden.

Bindingen

Het kan zijn dat je door zonden of wonden bepaalde occulte bindingen hebt opgelopen. Mensen kunnen op verschillende manieren occult belast raken. Bekende voorbeelden zijn het spelen van occulte spelletjes, zoals glaasje draaien of geesten oproepen. Maar ook door alternatieve geneeswijzen, door het bezoeken van occulte beurzen, waarzeggers of handlezers, door het afstemmen van je leven op horoscopen kun je occult belast raken. Er kunnen ook bepaalde patronen van zonde of ziekte in families voorkomen. Dit kan komen door occulte machten die bepaalde zonde of ziekte steeds weer doorgeven aan het volgende geslacht. Wanneer bijvoorbeeld ouders voor het huwelijk met elkaar naar bed zijn geweest, dan zie je vaak dat hun kinderen dat ook doen, en hun kinderen, en zo maar door. Tot de banden verbroken worden.

Om verkeerde banden in je familie te ontdekken hoef je niet het leven van je familieleden binnenste buiten te keren. Vaak kunnen mensen na even goed na te denken zo de pijnpunten aanwijzen. Het kan zijn dat de relatie met je ouders zo goed is dat je er ook met hen over kunt praten.

Bindingen uit seksuele zonde

Een wijdverspreide overbrenger van occulte bindingen is overspel. De Bijbel leert dat je niet zonder blijvende gevolgen het bed met iemand kunt delen. Paulus waarschuwt de gelovigen zo krachtig als mogelijk voor de desastreuze gevolgen van seks buiten het huwelijk.

> Of weet u niet dat wie zich met een hoer verenigt samen met haar één lichaam wordt? Want de Schrift zegt: 'Zij zullen één lichaam zijn.' Maar wie zich met de Heer verenigt wordt met Hem één geest. Ga ontucht uit de weg! Geen enkele andere zonde die een mens kan begaan tast het lichaam aan, maar wie ontucht pleegt zondigt tegen het eigen lichaam.

Je kunt veel verschillende zonden doen, maar de gevolgen van seksuele zonden zijn anders dan die van andere zonden. Door gemeenschap met iemand te hebben word je één met die persoon.

En die eenheid blijft, ook wanneer de relatie voorbij is. Er blijven 'geestelijke transportbanden' bestaan tussen jou en de persoon met wie je naar bed bent geweest. Wanneer de persoon met wie jij naar bed bent geweest occult belast is kunnen die geesten via die 'transportband' dus ook hun negatieve werking op jouw leven loslaten. Gemeenschap met een prostituee is daarom ook één van de schadelijkste dingen die je kunt doen. Door de vele seksuele contacten is een prostituee vaak een broeinest van occulte machten.

Hoe bevrijding werkt

Het principe van bevrijding is eenvoudig: je belijdt wat je fout hebt gedaan en je verbreekt de macht van de boze over je leven. Het is belangrijk om beide – zowel het belijden als het verbreken – hardop te doen. Dan weet je zeker dat het niet één of ander vaag gedachtespinsel was, maar dat je het echt hebt gedaan. Het is ook belangrijk voor de geestelijke wereld. Geesten kunnen geen gedachten 'raden'. Zeg hardop wat de waarheid van God over jouw leven is en verbreek de occulte bindingen in de naam van Jezus.
Het is belangrijk om ervaren en betrouwbare mensen te vragen om je door de bevrijding heen te leiden. Satan is de aartsleugenaar en je eigen afgetrapte sloffen zitten heerlijk. Wanneer je jezelf probeert te bevrijden is de kans groot dat je allerlei zaken over het hoofd ziet en dat je jezelf voor de gek houdt, omdat de leugens van de satan waar je mee hebt geleefd, zo waar lijken. Wanneer je er andere mensen bij betrekt kunnen zij toetsen of wat jij als probleem ervaart inderdaad het probleem is, of dat er diepere oorzaken zijn. Het is niet zo dat elke ziekte of elk probleem door demonische bindingen veroorzaakt wordt. Ervaren mensen kunnen je helpen hier onderscheid in te maken. Zij kunnen je leiden in het gebed en ook namens God bevrijding over je uitspreken. Ook kunnen zij je helpen om na je bevrijding wijs en gezond verder te leven, zodat de occulte bindingen niet erger terugkomen.

2. Dingen die je moet gaan doen

In de fase van *Radicale keuzes*, moet je niet alleen radicaal aan de slag met je zonden en wonden, maar ook met 'erbij zijn', kijken en luisteren. Deze drie aspecten zijn van fundamenteel belang om te oefenen, zodat ze een vaste plek in je leven krijgen.

Erbij zijn

Het grote verschil tussen de fase van de *Vreugdevolle kennismaking* en de fase van *Radicale keuzes* is dat de vier vrienden en later ook Matteüs, elke dag, de hele dag bij Jezus zijn. Daarvoor was het hap-snap, af en toe een feestje en een wonder. Nu gaan ze lief en leed met elkaar delen. Het geheim van het volgen van Jezus is dat je je gaat realiseren dat het leven met Jezus geen reeks van fragmenten is, maar een continue beleven van een relatie.
In het hoofdstuk waarin Jezus de komst van de Heilige Geest belooft, spreekt Hij de raadselachtige en wonderlijke woorden:

> Ik zal de Vader vragen jullie een andere pleitbezorger te geven, die *altijd* bij je zal zijn: de Geest van de waarheid. (...) Jullie kennen Hem wel, want Hij woont in jullie en zal *in jullie blijven*. Ik laat jullie niet als wezen achter, Ik kom bij jullie terug. (...) Dan zul je begrijpen dat Ik in Mijn Vader ben, dat jullie in Mij zijn en dat Ik in jullie ben. (...) Wanneer iemand Mij liefheeft zal hij zich houden aan wat Ik zeg, Mijn Vader zal hem liefhebben en Mijn Vader en Ik zullen bij hem komen en bij hem *wonen*.

Je hebt niet alleen de Geest van God in je wonen, maar op een goddelijk bijzondere manier wonen de Vader en de Zoon ook in jou en ben jij in hen. Je bent volkomen één met de volledige drieeenheid van God! En dat is niet iets incidenteels, dat is iets voortdurends. Elke dag, de hele dag, beweeg je mee in de heerlijkheid van de drie-enige Godheid.

Hoe je God in alles kunt betrekken

Maar is het dan mogelijk om je dagelijkse werkzaamheden te doen en toch veel met God bezig te zijn? Dat is mogelijk! Het bijzondere van de mens is, dat hij meerdere dingen tegelijk kan doen. Wij kunnen op meerdere niveaus tegelijk leven. De mens bestaat uit een lichaam, een ziel en een geest. Je normale functioneren vindt voornamelijk plaats vanuit je lichaam en ziel: je handelt, je denkt, je voelt en je wilt. Je bent echter ook een geestelijk wezen en jouw geest wordt 'bewoond' door jouw diepste 'ik' en God. Terwijl je met je lichaam en ziel aan het rekenen, afwassen, repareren, verven of onderhandelen bent kun je met je geest in contact blijven met God. Door de eeuwen heen is er een aantal mensen geweest die deze levenshouding tot levenskunst verheven hebben. Mensen als Broeder Laurence, Marte Robin en Frank Laubach stonden voortdurend in contact met God, waar ze verder ook mee bezig waren. Mijn favoriet is Broeder Laurence. Hij leefde in de zeventiende eeuw en wilde graag geestelijk groeien. Hij was een ongeletterde soldaat en bediende toen hij op achttienjarige leeftijd tot bekering kwam. Toen hij zesenveertig was, achtentwintig jaar na zijn bekering, meldde Laurence zich aan bij het Karmelietenklooster in Parijs. Hij wilde dichter bij God komen door de Bijbel te bestuderen en te mediteren. Hij kreeg echter de opdracht om de afwas te doen. Elke dag. De hele dag. Afwassen. Potten en pannen. Borden en bestek. Bekers en schalen. En dan weer potten en pannen, en nog meer borden en bestek, tot hij er helemaal wanhopig van werd. Hoe kon hij al afwassend ooit geestelijk groeien? Na een jaar of tien in de keuken gewerkt te hebben begon hij te ontdekken dat je op een dieper niveau in contact met God kunt staan, ook als je bezig bent met andere dingen. Het fulltime volgen van God is mogelijk, ook voor mensen met een gewone baan. Broeder Laurence begon met de *practice of the presence of God* – het jezelf oefenen in de aanwezigheid van God. Broeder Laurence raakte hierin zeer bedreven, zodat hij ook andere mensen hierin kon gaan trainen. Hij schreef in één van zijn brieven:

> We kunnen de gevaren in het leven niet ontlopen zonder de voortdurende hulp van God. Laten we dan ook voortdurend tot Hem bidden. Hoe kunnen we tot Hem bidden dan door bij Hem te zijn? Hoe kunnen we bij Hem zijn dan door aan Hem te denken? En hoe kunnen we voortdurend aan Hem denken dan door hier een heilige oefening van te maken?

Deze 'heilige oefening' maakte Frank Laubach heel praktisch. Deze kundige en druk bezette zendeling, staatsman en onderwijsman, probeerde steeds vaker aan God te denken. Hij begon met één keer per uur. Toen dat goed lukte voerde hij de frequentie op naar één keer per half uur. Vervolgens naar één keer per kwartier en daarna naar één keer per minuut. Zo wilde hij zijn gedachten tijdens alle werkzaamheden vullen met de aanwezigheid en leiding van God.

Kijken en luisteren

De vrienden van Jezus mogen voortdurend bij Hem zijn. In deze fase van het volgen van Jezus hebben ze veel onderwijs van Jezus aangehoord. Jezus neemt ze immers mee op preektournee door Galilea. Ook hebben ze Jezus in actie gezien in allerlei verschillende situaties. Het is een periode van kijken en luisteren. Hoe ziet dat kijken en luisteren er in onze tijd uit? We hebben gezien dat het volgen van Jezus inhoudt dat je voortdurend bij Hem bent. Nu ben je in zekere zin voortdurend bij Jezus, omdat Hij in je woont. Waar het om gaat is dat je die voortdurende intieme relatie gaat beleven en ontwikkelen. Vanuit die voortdurende, persoonlijke relatie met Jezus mag je gaan kijken en luisteren. En dat kijken en luisteren is in onze tijd vooral: Bijbelstudie, gebed, eenvoud en stil te zijn.

Bijbelstudie

De Bijbel is het levende woord van God. 'Stille tijd', ofwel het doorbrengen van persoonlijke tijd met God in de stilte is van het allergrootste belang wanneer je dagelijks, de hele dag bij Jezus wilt zijn. Dallas Willard zegt hierover:

> God, als persoonlijkheid, is geen fysieke realiteit die iedereen wel moet zien, of hij nu wil of niet. Hij kan zich natuurlijk aan de menselijke geest openbaren op elke manier die Hij wil. Maar, om goede redenen die diep geworteld zijn in de menselijke natuur en de menselijke relaties, kiest God er vooral voor om tot ons te spreken, om te communiceren: vandaar de absolute cen-

traliteit van de Bijbel bij discipelschap. En dit is, onder andere, de reden waarom het uitgebreide gebruik van alleen zijn en stilte zo fundamenteel zijn voor de groei van de menselijke geest.

Voor kijken en luisteren is de Bijbel dus van onschatbare waarde. Je kunt de Bijbel op verschillende manieren lezen:

– **Doorlezen.** Maak een radicale keuze om de Bijbel minimaal eenmaal van kaft tot kaft door te lezen. Het doel van het doorlezen van de Bijbel is dat je de lijnen gaat ontdekken. Waar werkt God naartoe? Wat staat er allemaal? Je raakt bekend met het 'denken' van de Bijbel en jouw leven wordt daardoor beïnvloed.

– **Bestuderen.** Wanneer je de Bijbel bestudeert neem je een klein stukje tekst, bijvoorbeeld vijf tot tien verzen van een hoofdstuk. De volgende vragen kunnen je helpen om inzicht te krijgen in een tekstgedeelte:

1. Observatie: wat staat er eigenlijk?
2. Interpretatie: hoe zouden de oorspronkelijke lezers of toehoorders het op hebben gevat?
3. Toepassing: wat kan ik er vandaag mee?

Schrijf steeds je bevindingen op. Met deze vorm van studie kun je bijvoorbeeld beginnen in één van de evangeliën.

– **Memoriseren.** Memorisatie is in christelijk Nederland 'uit'. Toch is het een geweldige en veel beproefde manier om je relatie met God te ontwikkelen. Op die manier draag je de Bijbel altijd bij je. Als je voor een stoplicht staat, als je aan het winkelen bent of als je aan het sporten bent, kun je steeds de teksten opdiepen en een dood stukje tijd gebruiken voor een levendige overdenking.

– **Luisteren.** Naast het lezen, bestuderen en memoriseren van de Bijbel kun je ook bewust gelegenheden opzoeken waar je de Bijbel hoort. Je kunt luisteren naar preken of studies, zowel in kerkdiensten als via een cd of dvd.

De kunst is om een goede mix te vinden tussen lezen, bestuderen, memoriseren en beluisteren.

Gebed
Het is goed om op vaste tijden en op een vaste plek, tijd te hebben voor gebed. Vaak gebruik ik een bepaalde opbouw van mijn gebeden. Ik begin met het aanbidden van God om wie Hij is. Daarna onderzoek ik mezelf of er zonden zijn die ik moet belijden. Daarna bid ik voor een aantal vaste gebedspunten, zoals ons gezin, familie, vrienden, mensen met wie ik samenwerk en mensen waarvan ik hoop dat ze Jezus ook leren kennen. Ik sluit het gebed af met het 'doorbidden' van de dag die voor me ligt. In gedachten ga ik mijn afspraken en werkzaamheden langs en breng die in gebed. Wanneer ik een dag zo begin kan ik dat de rest van de dag merken!
De kern van voorbede – het bidden voor andere mensen – is dat je echt iets van God voor die mensen wilt. Dat veronderstelt dat er ruimte in je hart is voor de mensen waar je voor bidt. Als je helemaal vol bent van jezelf en alle zaken die spelen in je eigen leven kun je nauwelijks voor andere mensen bidden. Maarten Luther zei:

> Wij moeten bidden door onze gedachten te focussen op een dringende nood en de oplossing van die nood in alle ernst te wensen. Vervolgens moeten we ons oefenen in geloof en vertrouwen jegens God, er nooit aan twijfelend dat Hij onze gebeden heeft gehoord.

Bidden is focussen. Bidden is iets heel ernstig wensen. Bidden is aandringen bij God om in te grijpen. Vanuit het geloof in de God van goedheid en overvloed mag je weten dat God je altijd datgene geeft waar je om vraagt, of iets beters.
Elke dag bidden we allemaal om zoveel zaken. Toch verandert het geestelijk klimaat in ons land maar mondjesmaat. Hoe kan dat? Jakobus geeft ons het antwoord:

> Gij bidt wel, maar gij ontvangt niet, doordat gij verkeerd bidt.

Hoe moeten we dan bidden? Lees de woorden van Jezus maar eens:

> En Ik zeg u: Bidt en u zal gegeven worden; zoekt en gij zult vinden; klopt en u zal opengedaan worden. Want een ieder, die bidt, ontvangt en wie zoekt, vindt en wie klopt, hem zal open-

> gedaan worden. Is er soms een vader onder u, die, als zijn zoon hem om een vis vraagt, hem voor een vis een slang zal geven? Of als hij om een ei vraagt, hem een schorpioen zal geven? Indien dan gij, hoewel gij slecht zijt, goede gaven weet te geven aan uw kinderen, hoeveel te meer zal Uw Vader uit de hemel de heilige Geest geven aan hen, die Hem daarom bidden?

Vanuit de geest van Jezus wordt bidden een onbevangen en vertrouwend vragen om datgene waar je naar verlangt. Bidden mag doortrokken zijn van een sprankeling en van kinderlijk vertrouwen dat je Vader jou natuurlijk het beste zal geven.

Eenvoud

In Lucas 16:1-14 vertelt Jezus een bizarre gelijkenis. Het lijkt wel of Hij diefstal aanmoedigt. Er is een werknemer die ontslagen dreigt te worden. Om te zorgen dat hij na zijn ontslag toch weer aan de bak kan, gebruikt de werknemer zijn laatste weken bij zijn oude baas om allerlei mensen te matsen, zodat de kans groot is dat zij goed voor hem zullen zorgen als hij zonder werk op straat komt te staan. De boodschap van de gelijkenis is niet: 'Besteel je werkgever als je op straat dreigt te komen staan.' De boodschap is wel: 'Maak vrienden met geld dat uiteindelijk niet van jou is, zodat jij vrienden zult ontmoeten wanneer geld er niet meer toe doet.'

> Ik zeg jullie: maak vrienden met behulp van de valse mammon, opdat jullie in de eeuwige tenten worden opgenomen wanneer de mammon er niet meer is.

Ga dus wijs met je geld en bezittingen om nu je die nog hebt. In plaats van te redeneren: 'Hoeveel zal ik weggeven?', kun je beter denken in de trant van: 'Hoeveel mag ik houden?'

Net zoals je kunt oefenen in bidden en memoriseren, kun je ook oefenen in geven en vrijkomen van de macht van het materialisme. Weet je hoe? Door iets weg te geven dat kostbaar voor je is en het vervolgens aan niemand te vertellen.

Stil zijn

Wij zijn verslaafd aan praten. Wanneer wij praten kunnen wij beïnvloeden. Manipuleren. Zodra ik stil word, word ik kwetsbaar. Voel ik me hulpeloos. Stil worden is een uiting van vertrouwen. Op God. Laat alle andere stemmen in mij zwijgen. Laat mij zelf zwijgen. Zelfs God wil ik nu niet beïnvloeden. Ik wil beïnvloed worden door God.

Thomas a Kempis schrijft:

> De grootste heiligen hebben zoveel mogelijk de omgang met mensen vermeden, en verkozen God in de eenzaamheid te dienen. Iemand heeft eens gezegd: 'Zo dikwijls ik me onder de mensen begeef, ben ik altijd minder goed terug gekomen.' Dat ondervinden wij dikwijls als wij lang samen praten. Het is gemakkelijker heel en al te zwijgen, dan niet te veel te zeggen; gemakkelijker ook in huis verborgen te blijven, dan zich daarbuiten genoegzaam in acht te nemen. Wie derhalve tot het inwendige en geestelijke leven komen wil, die moet zich met Jezus van de schare afzonderen.

3. Dingen die je nog niet moet doen

Jezus is twaalf jaar als Hij met zijn ouders mee mag naar de tempel. Volgens de Joodse wet wordt een jongen vanaf die leeftijd bij de heilige feesten in Jeruzalem verwacht.

We weten niet wat er allemaal besproken is op die reis naar Jeruzalem. Het kan goed zijn dat Maria tijdens deze reis voor het eerst of bij herhaling met Jezus heeft gesproken over zijn allereerste bezoek aan de tempel, toen Hij nog een baby was. Wellicht heeft ze Hem verteld over de profetieën van Hanna en Simeon en de blijdschap die deze oude mensen voelden toen zij Hem daar zagen.

Tijdens dit bezoek beseft Jezus: 'Deze tempel is het Huis van Mijn Vader', en Hij vergeet gewoon om weer mee naar huis te gaan met zijn ouders. In de tempel stelt Hij vraag na vraag en gaat helemaal op in de gesprekken met de Schriftgeleerden. Drie dagen is Jezus 'van de wereld'. Dit is waar Hij voor is gemaakt! Als zijn ouders Hem vragen waar Hij toch al die tijd is gebleven antwoordt Jezus met een verbazing die voortkomt uit kinderlijke onbevangenheid:

> Waarom hebt u naar me gezocht? Wist u niet dat ik in het huis van mijn Vader moest zijn?

Zijn vraag stuit op glazige ogen bij zijn ouders. Zij weten niet goed raad met de nieuw verworven inzichten van hun zoon. Maar Maria sluit deze ervaringen wel in haar hart en blijft erover nadenken.

Wachten

Hoe groots is het dan dat Jezus, die net ontdekt heeft wie Hij is, die net ontdekt heeft wie zijn Vader is en die helemaal vol is van allerlei nieuwe kennis en inzichten omtrent zijn leven en levensdoel, gewoon met zijn ouders weer teruggaat naar Nazaret en nog achttien jaar wacht voor Hij zijn bediening oppakt. Wat een nederige gehoorzaamheid! Wat een voorbeeld!

Zelfs Jezus gaat niet meteen 'los' als Hij doorheeft wat zijn identiteit is en wie zijn Vader is. In plaats van hals over kop te beginnen met een bediening wordt Jezus timmerman. Vijftien jaar timmeren, terwijl je weet dat je de Zoon van God bent. Vijftien jaar wachten. Wat een wijsheid. Wat een geduld.

Het is een levensles voor mensen in deze fase. Het kan goed zijn dat God je een indruk heeft gegeven van wat er voor jou in het verschiet ligt. Je hebt allerlei nieuwe dingen ontdekt. Je merkt dat je geestelijk groeit en je wilt door!

Doe nog maar even rustig aan.

Er ligt nog een belangrijke fase voor je. De fase van het *Leren.* Dat wordt een fase van uitproberen, vallen en weer opstaan. Pas eerst de lessen van de fase van *Radicale keuzes* maar toe…

Oefeningen na hoofdstuk 7

Van *Radicale keuzes* naar *Leren*

Zonde belijden
Belijd al je zonden aan God. Wees daarin zo specifiek mogelijk. Maak bijvoorbeeld een lijst met alle zonden die je je kunt herinneren. Nadat je de lijst hebt gemaakt en alle zonden hebt beleden kun je de lijst verbranden.
Belijd zonden die je blijven achtervolgen aan ten minste één ander persoon. Noem ook hier de dingen bij de naam. De persoon aan wie je de zonde belijdt moet betrouwbaar en geestelijk volwassen zijn. Het moet iemand zijn waarvan je weet dat die op een wijze en fijngevoelige manier zal reageren op datgene wat jij vertelt.

Genezing ontvangen
Neem iemand in vertrouwen met betrekking tot de wond waar jij genezing voor wilt ontvangen. Vertel in een persoonlijk gesprek over de wonden die bij je geslagen zijn. De persoon die je in vertrouwen neemt moet betrouwbaar en geestelijk volwassen zijn. Ook moet hij of zij het inzicht en de wijsheid hebben om te kunnen bepalen wat een goed traject naar verdere genezing is.

Bevrijding ontvangen
Het is niet raar als je bevrijding nodig hebt. Het gros van de mensen die tot bekering komt heeft een of andere demonische belasting opgelopen. Ook veel christenen hebben nog bevrijding nodig. Zoek iemand op die ervaring heeft met bevrijdingspastoraat. Bij voorkeur in je eigen gemeente. Het is noodzakelijk dat het schoongeveegde huis met de kennis en aanwezigheid van Jezus gevuld wordt. Daarom is opleiding en begeleiding in discipelschap na de bevrijding van levensbelang.

Mocht er niemand in je gemeente zijn die ervaring heeft met bevrijdingspastoraat, bespreek dan met één van de leiders van je gemeente welke andere gemeente je hierin om steun kunt vragen. Wellicht kunnen een of meerdere van de leiders uit je eigen gemeente de bevrijding meemaken zodat zij dit in het vervolg ook in de eigen gemeente kunnen gaan toepassen.

Je oefenen in het ervaren van de aanwezigheid van God
Neem jezelf voor om vandaag elk uur minimaal één keer aan God te denken.
Probeer tien minuten aan niets anders te denken, dan aan God.

Bijbelstudie
Lees in één maand de vier evangeliën door. Het zijn negenentachtig hoofdstukken. Dit betekent dat wanneer je drie hoofdstukken per dag leest, je binnen een maand klaar bent. Houd pen en papier tijdens het lezen bij de hand en noteer wat je opvalt.
Lees een week lang elke dag een kleine perikoop uit de evangeliën (drie tot tien verzen). Gebruik de observatie – interpretatie – toepassingmethode om je de lessen uit het gedeelte eigen te maken.
Leer Johannes 1:1-5 uit je hoofd. Schrijf de verzen op een klein kaartje. Tijdens het fietsen, in de auto voor een stoplicht, tijdens het koken of gewoon op een stil moment kun je het kaartje tevoorschijn halen en de tekst uit je hoofd leren.
Vraag twee vrienden naar de beste preken die zij het afgelopen jaar hebben gehoord en vraag of zij jou aan een cd van die preek kunnen helpen.

Gebed
Wat wil je echt? Wie gun jij nu echt het geluk dat jij gevonden hebt? Maak ruimte in je hart zodat er plek ontstaat voor goede wensen voor andere mensen. Stel jezelf de vraag: Geloof ik dat God dit gebed wil verhoren? Lees de tekst uit Lucas 11. Neem tien minuten de tijd om onbevangen en kinderlijk vertrouwend te bidden voor iemand anders.

Eenvoud
Geef deze week anoniem iets weg dat je dierbaar is. Ervaar de vreugde van de wetenschap dat je niet vastzit aan je bezit.

Stilte
Houd, wanneer je in de auto zit, de radio uit. Geniet van de stilte. Gebruik de tijd in de auto om God tot je hart te laten spreken.
Neem deze week elke dag vijftien minuten de tijd om helemaal stil te worden voor God. Ga naar een rustige plek. Zet geen muziek aan. Ga geen boek lezen. Houd pen en papier bij de hand. Laat God tot je hart spreken.
Plan een 'stille ochtend'. Net zoals je afspraken met mensen plant kun je ook een afspraak met God plannen. Zorg dat je die ochtend niet bereikbaar bent voor e-mail of telefoon. Ga het bos in of trek je terug in een rustige kamer. Een deel van de ochtend kun je de Bijbel lezen of bestuderen. Een deel van de ochtend kun je bidden of stil zijn.

'Nee' zeggen
Met welke activiteiten moet jij op dit moment stoppen? Zijn er dingen die je vanuit enthousiasme doet, maar waar je nog onvoldoende fundament voor hebt? Bespreek met een geestelijke raadgever wat wijs is om te doen.

Vierde fase: Leren

Het deel *Leren* beschrijft hoe Jezus het karakter van zijn discipelen vormt en hen leert zo te leven, handelen en spreken als Hijzelf. De fase wordt geïllustreerd met een *oor*: wanneer wij de lessen van deze fase goed in onze oren knopen en (vooral) gaan doen, dan zal ons leven en dat van mensen om ons heen onherroepelijk veranderen. Het deel *Leren* omvat de hoofdstukken 8 en 9 en wordt afgesloten met een aantal opdrachten en oefeningen.

Tijdens de zondeval hebben we de rollen verwisseld. Wij hebben geprobeerd Gods rol te vervullen en verloren tegelijkertijd het vermogen de rol te vervullen die voor ons was weggelegd. Verlossing betekent dat we verzoend worden, zodat we weer kunnen handelen zoals het bedoeld was.
Henry Cloud & John Townsend

Hij leidde mij uit de nood en gaf mij ruimte,
bevrijdde mij, omdat Hij mij liefhad.
David in 2 Samuël 22:20

Maar gij geheel anders: gij hebt Christus leren kennen.
Paulus in Efeze 4:20

Hoofdstuk 8
Leren

Het is voorjaar in Galilea. En in het voorjaar is Galilea het mooist. Alle bloemen bloeien uitbundig. De temperatuur is aangenaam. Een zachte bries verspreidt het gezang van duizenden vogels. Temidden van dat decor van schoonheid ontvouwt zich een goddelijk drama. Over ruim een jaar zal de grootste schanddaad aller tijden worden begaan. Jezus beseft dat Hij de training van zijn discipelen moet intensiveren. Hij heeft nog maar weinig tijd om de basis voor zijn gemeente te leggen. Het is tijd om keuzes te maken. De eerste keuzes kan alleen Jezus zelf maken. Uit de menigten die Hem volgen moet Hij een groep kiezen om een speciale commandotraining te geven.

De context: de mateloze populariteit van Jezus

De populariteit van Jezus stijgt in deze periode tot ongekende hoogte. Van heinde en verre stromen de mensen toe en tallozen gaan achter Jezus aan, of dat nu gelegen of ongelegen komt. Marcus 3:7-10 geeft hiervan een goede indruk:

> Jezus week met zijn leerlingen uit naar het meer, en een grote menigte uit Galilea volgde hem. Ook uit Judea en Jeruzalem, uit Idumea en het gebied aan de overkant van de Jordaan en uit de omgeving van Tyrus en Sidon kwamen veel mensen naar hem toe, omdat ze hadden gehoord wat hij allemaal deed. Hij zei tegen zijn leerlingen dat ze een boot voor hem gereed moesten houden, om te voorkomen dat Hij door de menigte onder de voet zou worden gelopen. Allerlei zieken verdrongen zich om hem aan te raken, want hij had al veel mensen genezen.

Mensen komen overal vandaan, uit Galilea, uit het tegenwoordige Jordanië, uit het tegenwoordige Syrië en uit heel Israël. Even later roept Jezus de twaalf discipelen. Vanuit de enorme drukte die er om Hem heen is ontstaan, is het gewoon noodzakelijk een selecte groep te kiezen en daarin te investeren. Maar ook na de roeping van de twaalf discipelen houdt de drukte rondom Jezus aan.

> Hij ging terug naar huis, en weer verzamelde zich een menigte, zodat ze zelfs niet de kans kregen om te gaan eten. Toen zijn verwanten hiervan hoorden, gingen ze op weg om hem, desnoods onder dwang, mee te nemen, want volgens hen had hij zijn verstand verloren.

De drukte rondom Jezus is zo groot dat vrienden en familie de hele situatie onverantwoord beginnen te vinden. Hij heeft niet eens tijd om te eten of te rusten! En zo gaat het maar door!

De druk op Jezus neemt zulke grote vormen aan dat Hij op een gegeven moment naar het allernoordelijkste puntje van Israël reist:

> Hij stond op en vertrok naar de omgeving van Tyrus. Daar nam hij zijn intrek in een huis, en hoewel hij niet wilde dat iemand dat te weten zou komen, lukte het hem niet onopgemerkt te blijven.

Integendeel. Tot aan de glorieuze intocht in Jeruzalem blijft het beeld hetzelfde. Jezus is mateloos populair bij vele duizenden mensen en Hij heeft eigenlijk geen privé-leven meer. Het land staat op z'n kop en Jezus is het gesprek van de dag. Wanneer de aanwezigheid van God duidelijk wordt zijn de mensen niet te houden.

Context: groeiende vijandigheid

Er is echter niet alleen groeiende populariteit. De vijandigheid tegen Jezus neemt ook steeds grotere vormen aan. De afgelopen maanden is de tegenstand gegroeid en tweemaal weet Jezus te ontkomen aan een moordaanslag. In de laatste achttien maanden voor zijn kruisdood neemt de tegenwerking buitengewoon venijnige proporties aan. Het begint kort na de roeping van de twaalf discipelen. Jezus krijgt het predikaat 'bezeten'. Ook de Schriftgeleerden uit Jeruzalem zeggen: 'Hij is bezeten door Beëlzebul.' En: 'Dankzij de vorst van de demonen kan Hij demonen uitdrijven.'

In Galilea is Jezus nog betrekkelijk veilig. Maar in Jeruzalem en omstreken wordt het verzet tegen Hem steeds sterker. Sinds de fase van *Vreugdevolle kennismaking* is de moordzucht daar niet bekoeld. Uit Jeruzalem worden regelmatig spionnen naar Jezus gestuurd om te kijken hoe de situatie zich ontwikkelt. Hoewel Jezus niet naar Jeruzalem wil gaan, gaat Hij op een gegeven moment tóch, maar dan wel incognito.

> Toen zijn broers naar het feest vertrokken waren, ging hij zelf ook, niet openlijk, maar in het geheim. Intussen keken de Joden op het feest al naar hem uit en ze vroegen zich af waar hij was. Overal werd over hem gesproken: sommigen vonden dat hij een goed mens was, anderen meenden dat hij het volk misleidde. Maar niemand durfde openlijk over hem te spreken, uit vrees voor de Joden.

De spanning is voelbaar. Iedereen heeft het over Jezus. Iedereen vormt zich een mening. Maar in het geheim, want de haat van de farizeeën en schriftgeleerden is bekend.

Halverwege het feest komt Jezus toch te voorschijn. Hij die het gesprek van de dag is, vertelt luid en duidelijk waar het op staat. De hogepriesters en farizeeën sturen een afvaardiging om Hem te arresteren, maar ze komen zonder Jezus terug. Als ze uitleggen dat ze Hem niet hebben gearresteerd omdat ze ook zelf helemaal in de ban van zijn onderwijs zijn geraakt, krijgen ze onder uit de pan en wordt *en passant* het 'stomme volk' vervloekt.

In de maanden hierna stapelen de moordaanslagen zich op. Er zijn momenten geweest dat Jezus moet rennen voor zijn leven. Momenten dat Hij zich moet verstoppen om niet gevonden te worden. Momenten dat Hij zich moet vermommen om niet herkend te worden, want de vijandige druk op Hem wordt steeds groter.

Temidden van al deze vijandigheid moet Jezus tijd winnen. Hij weet wanneer Hij gaat sterven. Hij weet ook dat Hij voor zijn dood in ieder geval zijn twaalf discipelen moet leren leven. Na zijn hemelvaart moeten zij door met zijn werk en leven. Elke dag telt!

Context: groeiende druk van de naderende kruisdood

Naast de groeiende populariteit en de groeiende vijandigheid is er nog een derde aspect dat deze hele fase van *Leren* kleurt: de groeiende druk van het besef van de naderende kruisdood. Uiteindelijk wordt Jezus niet gedood. Hij geeft zijn leven. Hij is daar zelf heel duidelijk over:

> De Vader heeft mij lief omdat ik mijn leven geef, om het ook weer terug te nemen. Niemand neemt mijn leven, ik geef het zelf. Ik ben vrij om het te geven en om het weer terug te nemen.

In de fase van *Leren* deelt Jezus meer en meer met zijn discipelen over zijn naderende sterven. Zeker zesmaal vertelt Jezus zijn discipelen wat Hem te wachten staat. De eerste keer is in een vertrouwelijk gesprek met zijn discipelen in Galilea. Nadat Petrus als eerste van de discipelen heeft verteld wie de Heer Jezus werkelijk is en Jezus zijn enorme blijdschap daarover geuit heeft, deelt Hij zijn hart:

> Hij begon hun te leren dat de Mensenzoon veel zou moeten lijden en door de oudsten van het volk, de hogepriesters en de schriftgeleerden verworpen zou worden, en dat hij gedood zou worden, maar drie dagen later zou opstaan; hij sprak hierover in alle openheid. Toen nam Petrus hem apart en begon hem fel terecht te wijzen. Maar hij draaide zich om, keek zijn leerlingen aan en wees Petrus streng terecht met de woorden: 'Ga terug, achter mij, Satan! Je denkt niet aan wat God wil, maar alleen aan wat de mensen willen.'

Deze eerste mededeling over zijn dood is erg compleet. Hij vertelt dat Hij gemarteld zal worden, dat Hij gedood zal worden – al laat Hij de wijze van sterven nog in het midden – en dat Hij drie dagen later zal opstaan.

Later, terwijl ze nog in Galilea zijn, begint Jezus weer over zijn dood. Je ziet dat zijn naderende sterven Jezus meer en meer in beslag neemt. In de film *In de ban van de ring* wordt de last van het dragen van de ring steeds zwaarder voor Frodo. Hoe dichter hij bij de berg Mordor komt waar hij de ring van het kwaad moet vernietigen, hoe meer zijn missie hem kwelt en bezighoudt. Naarmate de tijd verstrijkt zien we dat Jezus ook meer en meer bezig wordt gehouden door het kruis. De eerste maanden van de fase van Leren vinden nog plaats in de relatieve beschutting van Galilea. De laatste maanden vinden plaats in Judea en de streek daar omheen. De schaduw van het kruis valt steeds nadrukkelijker over die kleine groep discipelen met hun dappere Leermeester.

> Ze vertrokken uit die streek en reisden door Galilea, maar hij wilde niet dat iemand dat te weten kwam, want hij was bezig zijn leerlingen onderricht te geven. Hij zei tegen hen: 'De Mensenzoon wordt uitgeleverd aan de mensen. Die zullen hem doden, maar na drie dagen zal hij uit de dood opstaan.' Ze begrepen deze uitspraak niet, maar durfden hem geen vragen te stellen.

Tijdens de laatste reis naar Jeruzalem begint Jezus weer over zijn naderende sterven. De informatie over zijn lijden en sterven wordt steeds explicieter. De dreiging van de dood heeft de groep rondom Jezus in de ban.

> Ze waren onderweg naar Jeruzalem en Jezus liep voor hen uit; de leerlingen waren ongerust en ook de mensen die hen volgden waren bang. Hij nam de twaalf weer apart en vertelde hun wat hem zou overkomen: 'We zijn nu op weg naar Jeruzalem, waar de Mensenzoon zal worden uitgeleverd aan de hogepriesters en de schriftgeleerden, die hem ter dood zullen veroordelen en hem zullen uitleveren aan de heidenen. Ze zullen de spot met hem drijven en hem bespuwen en hem geselen en doden, maar na drie dagen zal hij opstaan.'

Zes dagen voor zijn sterven vertelt Jezus zijn vrienden nogmaals over zijn naderende sterven. Jezus en de discipelen verblijven bij Jezus' vriend Lazarus. Tijdens de maaltijd laat Lazarus' zuster Maria alle mensen die later zouden leven zien wat het betekent om Jezus te aanbidden. Wanneer de discipelen vervolgens verontwaardigd reageren op Maria's excessieve aanbidding zegt Jezus:

> Laat haar met rust, waarom vallen jullie haar lastig? Ze heeft iets goeds voor mij gedaan. Want de armen zijn altijd bij jullie, en jullie kunnen weldaden aan hen bewijzen wanneer je maar wilt, maar ik zal niet altijd bij jullie zijn. Wat ze kon, heeft ze gedaan: ze heeft mijn lichaam nu al met olie gebalsemd, met het oog op mijn begrafenis.

Tijdens de laatste week in Jeruzalem vertelt Jezus zijn discipelen dat Hij zal sterven door kruisiging:

> Nu ben ik doodsbang. Wat moet ik zeggen? Vader, laat dit ogenblik aan mij voorbijgaan? Maar hiervoor ben ik juist gekomen. (...) Wanneer ik van de aarde omhooggeheven word, zal ik iedereen naar mij toe halen. Daarmee bedoelde hij de wijze waarop hij zou sterven.

Een paar uur voor zijn dood vertelt Jezus zijn discipelen een laatste keer dat Hij spoedig zal sterven:

> Terwijl ze aten, nam hij een brood, sprak het zegengebed uit, brak het brood, deelde het uit en zei: 'Neem hiervan, dit is mijn lichaam.' En hij nam een beker, sprak het dankgebed uit en gaf hun de beker, en allen dronken eruit. Hij zei tegen hen: 'Dit is mijn bloed, het bloed van het verbond, dat voor velen vergoten wordt. Ik verzeker jullie: Ik zal niet meer van de vrucht van de wijnstok drinken tot de dag komt dat Ik er opnieuw van zal drinken in het koninkrijk van God.'

Context: de druk van de satan zelf

Niet alleen is er de voortdurende dreiging van de naderende dood van Jezus, ook is er de voortdurende druk van de satan in hoogsteigen persoon, die steeds weer opduikt bij de kring van Jezus' intimi. Satan is niet, zoals God, alomtegenwoordig. Hij kan steeds maar op één plek tegelijk zijn. En de hele evangeliën door duikt hij steeds in de nabijheid van Jezus op. Het is de satan die Herodes aanzet tot de kindermoord. Satan verzoekt Jezus in de woestijn. Als Jezus voor het eerst over zijn sterven spreekt is de satan daar als de kippen bij om een voertuig te vinden waardoor hij Jezus van zijn voornemen af kan brengen. Als de tweeënzeventig op zendingsreis zijn geweest, is er weer bijzondere activiteit rond de satan waar te nemen: 'Ik heb Satan als een lichtflits uit de hemel zien vallen!' Tijdens het laatste avondmaal vertelt Jezus meer over de aanhoudende en steeds groter wordende druk van de satan op Jezus en zijn vriendengroep: 'Simon, Simon, weet dat Satan jullie voor zich heeft opgeëist om jullie als graan te mogen zeven. Maar

ik heb voor je gebeden opdat je geloof niet zou bezwijken.'
In de evangeliën vinden we keer op keer die mix tussen de hemelse en de aardse realiteit. Zo op het eerste oog zou je zeggen dat de evangeliën het verhaal bevatten van een bijzondere weldoener die geweldig onderwijs geeft, maar door zijn goedheid, voor- en tegenstanders krijgt en uiteindelijk listig wordt gedood door zijn tegenstanders. Kijk je iets verder, dan besef je dat de evangeliën zich afspelen tegen de achtergrond van een kosmisch drama zonder weerga! Naarmate de evangeliën vorderen wordt de druk op Jezus en zijn discipelen groter. Niet alleen de angst en de onzekerheid nemen toe, maar ook de moed en het geloof.
De satanische invloed van niemand minder dan de duivel zelf, brengt Johannes op treffende wijze onder woorden. Eerst schurkt de oude draak met zijn leugenachtige gedraai tegen Judas aan: 'De duivel had intussen Judas, de zoon van Iskariot, ertoe aangezet Jezus te verraden.' Een paar uur later gebeurt met Judas het meest verschrikkelijke dat een mens kan overkomen: 'Op dat moment nam de duivel bezit van Judas.' Bezeten zijn door een demon is één ding. Bezeten zijn door de satan zelf is van een veel gevaarlijker en destructievere orde! De paragraaf eindigt dan heel treffend met de woorden: 'Judas nam het brood aan en ging meteen weg. Het was nacht.'
Het was nacht. De zwartste nacht ooit.

De roeping van de twaalf discipelen
De fases van *Vreugdevolle kennismaking* en *Radicale keuzes* zijn nog redelijk lichtvoetig. Het zijn de maanden van de snelle successen, de opmerkelijke groei en de eindeloze wonderen. Het is de tijd van de schitterende preken aan het meer van Galilea en de wandelingen van stad naar stad. De fase van Leren heeft een heel ander karakter. Het wordt al meteen duidelijk uit de beschrijving van de roeping van de twaalf discipelen:

> Hij ging de berg op en riep al degenen bij zich op wie hij zijn keuze had laten vallen, en ze kwamen naar hem toe. Hij stelde twaalf van hen aan als apostel; ze moesten hem vergezellen, en

hij wilde hen ook uitzenden om het goede nieuws bekend te maken. Ze kregen de macht om demonen uit te drijven.

Vanuit de enorme hoeveelheid volgelingen gaat Jezus een selecte groep kiezen. Een aantal keuzes ligt voor de hand. Simon, Andreas, Johannes en Jakobus kennen we al een tijdje. Zij zijn er vanaf het eerste begin bij geweest. De twee keer twee broers vormen dan ook het eerste viertal dat gekozen wordt. Ook van het tweede viertal kennen we de meeste mannen al enigszins: Filippus, Natanaël (in de lijsten van de twaalf 'Bartolomeüs' genoemd) en Matteüs, de geroepen tollenaar. Tomas hoort ook in dit rijtje thuis. Met name in het Bijbelboek Johannes is het één en ander te lezen over deze moedige man. Van het laatste viertal is maar weinig bekend, behalve dan dat Judas Iskariot de verrader van Jezus wordt. Dit zijn de twaalf mannen die het moeten gaan doen. Elf mannen uit Galilea, eentje uit Judea: Judas Iskariot. Ligt hier een kiem voor zijn latere verraad? Het kan een dergelijk ingrijpend proces geweest zijn: de hechte groep en de eenling die er buiten valt.

Johannes en Jakobus zijn hoogstwaarschijnlijk neven van Jezus. Jakobus, Judas (niet Iskariot) en Simon (de Zeloot) zijn waarschijnlijk broers van elkaar en ook neven van Jezus – via de kant van Jozef. Waarschijnlijk zijn zeven van de twaalf visser van beroep. Petrus en Johannes zijn goede vrienden van elkaar. Steeds weer duiken ze samen op, in de evangeliën en in Handelingen. Ook Filippus en Natanaël zijn waarschijnlijk goede vrienden van elkaar. Zij worden in één adem genoemd en Filippus introduceert Jezus bij Natanaël.

Een groep van twaalf mannen, zo in de leeftijd van 20 tot 30 jaar. Als er één ding is dat aan de mannen opvalt is het wel dat ze heel gewoon zijn. De meesten van hen staan dicht bij Jezus, via een familie- of vriendschapsband. Ze hebben gewone banen, tenminste voor zover je een tollenaar en een revolutionair (zeloot) gewoon kunt noemen. Ze hebben geen theologische opleiding genoten, geen boeken geschreven, geen indrukwekkende cv's opgebouwd. Het zijn gewone mannen die Jezus al een aantal maanden hebben gevolgd. Jezus laat Zijn oog op deze twaalf mannen vallen. Zij moeten het gaan doen. Door hen wil Hij 'de wereld in opschudding brengen.'

'Opdat zij bij Hem zouden zijn'
Jezus kiest deze mannen uit 'opdat zij bij Hem zouden zijn', zegt de Bijbel. Jezus kan onmogelijk honderden mensen voortdurende intimiteit bieden. Deze twaalf mannen krijgen het voorrecht om met Jezus op te trekken en alles uit de eerste hand mee te maken. Meer nog, dit zijn de mannen die Jezus wil leren vruchtdragen. Overigens zijn het niet alleen mannen geweest die de kring van intimi om Jezus heen vormen. Om deze kring van mannen staat ook een kring van gelovige vrouwen.

> Kort daarop begon hij rond te trekken van stad tot stad en van dorp tot dorp om het goede nieuws over het koninkrijk van God te verkondigen. De twaalf vergezelden Hem, en ook enkele vrouwen die van boze geesten en ziekten genezen waren: Maria uit Magdala, bij wie zeven demonen waren uitgedreven, Johanna, de vrouw van Chusas, de rentmeester van Herodes, en Susanna – en nog tal van anderen, die uit hun eigen middelen voor hen zorgden.

Toch focust de training van Jezus zich vooral op de twaalf mannen die Hem volgen. Niet omdat Jezus vrouwen minder vindt. Integendeel. Jezus' omgang met vrouwen is revolutionair! Regelmatig zie je vrouwen enorm onbevangen en open met Jezus omgaan. Dat kan alleen maar wanneer Jezus bijzonder goed met vrouwen omgaat en zij zich niet bedreigd voelen door Hem. Maar omdat Jezus zelf man is richt zijn training zich met name op de twaalf mannen.

Inzuigen en uitblazen
Het lijkt een beetje tegenstrijdig. Jezus roept de twaalf 'opdat zij bij Hem zouden zijn', en toch is het in deze fase van *Leren* dat Jezus zijn discipelen meer dan ooit vooruit schuift om dingen alleen of in kleine teams uit te proberen. De fase van *Leren* is de fase waarin God je 'inzuigt' in zijn tegenwoordigheid. Je mag leren aan de voeten van Jezus, je mag genieten van geweldige intimiteit met

God. Je bent dichter bij Hem dan je ooit tevoren bij Hem bent geweest. Maar aan de andere kant 'blaast Hij je ook uit'. Hij stelt je op posities die voor jouw gevoel misschien wel te ver vooruitgeschoven zijn. Hij laat je dingen doen die je nog helemaal nooit hebt gedaan. In deze fase gaat het leren met vallen en opstaan. En je mag altijd weer terugkomen bij de Meester om te evalueren wat goed is gegaan en wat beter kan.
De fase van *Radicale keuzes* staat voor een groot deel in het teken van 'kijken en luisteren'. In deze fase verandert kijken en luisteren in 'bij Jezus zijn' en vanuit je positie in Jezus ga je erop uit en verover je de wereld. In het volgende hoofdstuk wordt beschreven wat het 'bij Jezus zijn' concreet inhoudt en hoe je hierin kunt groeien.
In deze fase van *Leren* begint het 'oppakken van een bediening'. Je gaat verschillende dingen uitproberen en kijken wat lukt en wat niet lukt. Jezus stuurt zijn discipelen erop uit om het goede nieuws van het Koninkrijk bekend te maken – dat is: om te gaan verkondigen wat Jezus verkondigde, en om boze geesten uit te drijven – dat is: om te doen wat Jezus doet.

Het grote gevaar

De twaalf zijn uitgekozen! Zij mogen bij Jezus zijn en zijn bediening handen en voeten geven! Onmiddellijk dreigt er dan gevaar. Het gevaar van seks, macht en geld. Richard Foster heeft een boek geschreven over deze drie grote verleidingen voor mensen die geestelijk leiding gaan geven. Ik dacht altijd dat seks mijn grootste verleiding zou zijn. Toen ik het boek van Foster las kwam ik erachter dat mijn grootste verleiding zonder enige twijfel macht is. De verleiding van macht kan zich op heel veel subtiele manieren een plek in je leven verwerven. En voor je het weet draait het niet meer om Jezus, maar toch ook wel een 'beetje boel' om jou.
Het is de valkuil waar ook de discipelen in lopen. Het is de valkuil van deze fase. Waar Jezus meer en meer bezig is met Zijn naderende kruisdood, zijn de discipelen meer en meer bezig met hun toekomstige troon. In Matteüs 18, vlak nadat Jezus tweemaal zijn

lijden en sterven heeft aangekondigd, komen de discipelen naar Jezus met de vraag wie de grootste is in het Koninkrijk van de hemel. Als antwoord roept Jezus een kind, zet dat in hun kring en zegt dat de grootste in het Koninkrijk juist degene is die de grootste dienaar is. De boodschap komt echter niet echt goed over. Een hoofdstuk verder komen ze weer, met dezelfde vraag:

> Petrus vroeg: 'Wij hebben alles achtergelaten en zijn u gevolgd. Waar kunnen wij naar uitzien?'

Het is een menselijke, maar dwaze vraag. Zelfs al heb je, net als Petrus, alles achtergelaten en ben je Jezus gevolgd, wat is dat in vergelijking met alles wat je er voor hebt teruggekregen? Al geef je al je bezittingen weg, al verlaat je stad, land en vrienden om bij Jezus te kunnen zijn, Hem te kunnen dienen en voor eeuwig met Hem te kunnen leven, dan is dat toch een geweldig voordelige ruil? Voordelig voor jou! Zelfs het minimum aan zegeningen dat God zijn kinderen geeft is al zo geweldig groot, dat het minimum in Gods Koninkrijk evengoed een maximum is.

Jezus gaat serieus op de vraag in en belooft de discipelen een troon in de hemel. Een troon in de hemel?! Dat blijft rondzingen bij de discipelen.

Een tijdje later maken ze het nog bonter. Jezus en de discipelen zijn onderweg naar Jeruzalem. Het is dé reis naar Jeruzalem. De laatste reis. Jezus heeft net weer zijn hart gedeeld over het lijden en sterven dat Hem te wachten staat. In plaats van dat de discipelen met Hem meeleven en Hem bemoedigen beginnen ze weer over hun troon. Johannes en Jakobus hebben hun moeder zo ver gekregen om Jezus de vraag te stellen die op hun hart ligt sinds Jezus over de tronen is begonnen:

> Daarop kwam de moeder van de zonen van Zebedeüs met haar zonen naar hem toe. Ze viel voor hem neer om hem een gunst te vragen. Hij vroeg haar: 'Wat wilt u?' Ze antwoordde: 'Beloof me dat deze twee zonen van mij in uw koninkrijk naast u mogen zitten, de een rechts van u en de ander links.' Maar Jezus zei hun: 'Jullie weten niet wat je vraagt. Kunnen jullie de beker drinken die ik zal moeten drinken?' 'Ja, dat kunnen wij,' ant-

woordden ze. (...) Toen de andere leerlingen hiervan hoorden, werden ze woedend op de twee broers. Jezus riep hen bij zich en zei: 'Jullie weten dat heersers hun volken onderdrukken en dat leiders hun macht misbruiken. Zo zal het bij jullie niet mogen gaan. Wie van jullie de belangrijkste wil zijn, zal de anderen moeten dienen, en wie van jullie de eerste wil zijn, zal jullie dienaar moeten zijn – zoals de Mensenzoon niet gekomen is om gediend te worden, maar om te dienen en Zijn leven te geven als losgeld voor velen.'

Jakobus en Johannes hebben vast gedacht dat Jezus zo'n verzoek van een vrouw – een oudere vrouw nog wel – moeilijker kan weigeren dan wanneer zij het zelf zouden vragen. Dus laten ze hun moeder de vraag stellen, terwijl ze zelf over haar schouders met smekende blikken meekijken. Zodra de andere tien doorhebben welke streek Jakobus en Johannes hen leveren worden ze woedend, want ook zij hebben zitten broeden op plannetjes hoe zij die twee mooiste tronen te pakken kunnen krijgen. Hun woede is geen oprechte woede, maar meer een woede dat ze beetgenomen zijn door hun vrienden. Ze zien hun kans op de eretronen in rook opgaan.
Het is verdrietig dat de discipelen zo ongevoelig kunnen zijn voor wat er gaande is. Ze gaan zo op in hun eigen wereld en hun eigen verlangens naar eer en aanzien dat ze zich helemaal niet meer bezighouden met datgene wat Jezus bezighoudt. En het wordt nog erger. Op de laatste avond voor de kruisiging van Jezus, tijdens die bijzondere laatste maaltijd die de discipelen met Jezus hebben, komt het onderwerp weer naar boven. Terwijl de satan de groep uiteenscheurt, Judas bezet en Petrus wil ziften, terwijl Jezus' doodsangst zich opbouwt omdat Hij weet wat Hem over een paar uur te wachten staat en terwijl die heerlijke lessen worden gegeven die wij hebben meegekregen in Johannes 13-17; temidden van al die zaken van eeuwigheidswaarde en eindeloze diepgang gaan de discipelen ruzie maken over de vraag wie van hen nu de belangrijkste discipel is. Kun je dieper zinken?

Toen ontstond er onder hen onenigheid over de vraag wie van hen de belangrijkste was.

Tijdens het laatste avondmaal. Nog geen twaalf uur vóór de dood van Jezus.

In wiens proces draai je mee?
Jezus is in de evangeliën heel doelbewust bezig. Hij leeft naar het kruis toe. Hij traint zijn twaalf discipelen. Hij legt de fundamenten voor de gemeente die de wereld zal veroveren. En de mensen die Hem het meest na staan hebben daar maar nauwelijks oog voor. Het Koninkrijk is voor hen een middel geworden om eindelijk de persoonlijke glorie te verwerven waar ze zo lang naar hebben gesmacht. In plaats van mee te gaan in het proces van Jezus, willen zij Jezus gebruiken in hun proces. In plaats van de doelen van Jezus, willen zij hun eigen doelen bereiken.
In de fase van *Leren* is dit het gevaar dat levensgroot op de loer ligt. Het leven met Jezus begint zo sprankelend en mooi. Na de nodige uitdagingen en fouten heb je de stap gezet om Jezus radicaal te volgen, af te rekenen met zonde en genezing te zoeken voor je wonden. Je hebt de stap gezet naar leren. Maar ineens kom je er achter dat jij aan het leven met Jezus kunt verdienen. Je kunt eer en aanzien verdienen. Mensen gaan tegen je opkijken omdat jij meer weet van de Bijbel dan zij, omdat je heiliger overkomt dan zij of omdat je meer geloof tentoonspreidt dan zij. En voor je het weet ben je op zoek naar een troon. Terwijl Jezus zich richting een kruis beweegt.

In dit hoofdstuk is vooral *de context* van de fase van *Leren* bekeken. In deze fase krijg je te maken met de druk van mensen, zowel positief als negatief. Er zullen mensen zijn die het fantastisch vinden hoe jij je ontwikkelt als christen. Er zullen anderen zijn die proberen je groei op allerlei manieren te stoppen. Je krijgt te maken met geestelijke weerstand. En temidden van al die factoren van het echte leven wil Jezus je leren leven als leerling. Het grote gevaar is dat je jouw doelen gaat verwarren met de doelen van Jezus. Blijf altijd afgestemd op dat wat Hij wil en maak je eigen plannen, ambities en doelen daaraan ondergeschikt.

Wat Jezus je in deze fase wil leren heeft vooral te maken met je karakter en je geestelijke vermogen. Hij wil je zaken leren als 'aanbidding', 'creativiteit' en 'vertrouwen'. Wat Jezus je in de komende maanden allemaal wil leren en hoe je die dingen kunt leren, dat wordt in het volgende hoofdstuk behandeld.

Geven jullie hun maar te eten!
Jezus in Marcus 6:37

Soms kun je iemand het best een handje helpen door hem een flinke duw te geven.
J. John & Mark Stibbe

Het is een feit dat gelovigen meer blaam verdienen dat zij niet tot nieuw leven komen dan zondaren omdat zij niet bekeerd zijn.
Charles G. Finney

Hoofdstuk 9
Commandotraining

Hoe leren kinderen? Kinderen zien je dingen doen en proberen je na te doen. Wanneer je ze vanuit een vertrouwde relatie vrijheid geeft en aanmoedigt, sta je versteld hoe snel ze de meest ingewikkelde zaken als klimmen, praten en bouwen leren. Effectief leren doe je niet uit een boekje. Als je verschillende leeromstandigheden een cijfer (op een schaal van 1 tot 5) zou geven voor hun effectiviteit, dan ziet de waardering er ongeveer als volgt uit:

- Overdracht van (verantwoordelijkheid en autoriteit)	5
- Relaties	3
- Bijzondere ervaringen	1
- Formele training	1

Jezus traint zijn discipelen in deze fase nadrukkelijk via deze leermethodes. Hij delegeert verantwoordelijkheid en autoriteit door ze twee aan twee op zendingsreis te sturen, 'Ga maar doen wat Ik jullie heb voorgedaan'. Hij laat de discipelen een oplossing bedenken om twintigduizend mensen te eten te geven in een gebied zonder McDonalds. Hij geeft zijn discipelen macht en gezag om boze geesten uit te drijven en zieken te genezen. Hij laat ze optrekken in teamverband en investeert zo in de onderlinge relaties. Hij leert de discipelen samen te leven en samen op te trekken.
Ook voorziet Hij in bijzondere ervaringen. Petrus, Jakobus en Johannes mogen dingen meemaken die de andere negen niet meemaken. De drie intimi van Jezus zijn bij de opwekking van het dochtertje van Jaïrus, ze zijn bij de verheerlijking op de berg en in de hof van Getsemane. Stuk voor stuk zijn dit bijzondere, vormende ervaringen voor de drie. Ook de twaalf discipelen mogen persoonlijke tijd met Jezus doorbrengen. Ze krijgen uitleg van de

gelijkenissen, ze varen samen over het meer, ze lopen samen hele einden over bergen en door dalen. Zo bouwen ze een schat aan onuitwisbare herinneringen op die ze een leven lang zullen blijven koesteren.
Tenslotte geeft Jezus ook formele training. Meteen na de roeping van de twaalf discipelen spreekt Jezus de onvergelijkelijke Bergrede uit. Later voegt Hij daar nog drie reeksen gelijkenissen aan toe.

Karaktervorming
De laatste anderhalf jaar traint Jezus zijn discipelen in het leven als leerling. Hij focust zich in die periode met name op de vorming van hun karakter. Het veranderen van een karakter is een diepgaand proces. Daarom zijn de lessen die in dit hoofdstuk besproken worden niet de makkelijkste om toe te passen. De volgende eigenschappen staan op het lesrooster:
1. Aanbidding
2. Bewogenheid
3. Creativiteit
4. Vertrouwen
5. Moed
6. Genade

Aanbidding – het voorbeeld van de vrouwen
Het zijn twee prachtige vrouwen die de weg van aanbidding laten zien. Het zijn twee heel verschillende vrouwen, in twee verschillende situaties. Beide vrouwen laten op een indrukwekkende manier zien wat het betekent om ‘bij Jezus te zijn’. De eerste is een prostituee. De geschiedenis wordt verteld in Lucas 7:36-50. Jezus is tijdens een preektournee uitgenodigd bij Simon, de Farizeeër. Tijdens de maaltijd staat er plotseling een vrouw achter Jezus. Ze huilt liefdestranen. Haar tranen bevochtigen de voeten van Jezus. Ze knielt neer, droogt zijn voeten met haar hoofdhaar en zalft zijn voeten met heerlijke olie. Waarom is die vrouw hier gekomen? Ze heeft ongetwijfeld zijn woorden gehoord. En de boodschap die Jezus tijdens de tournee brengt is:

> Kom naar mij, jullie die vermoeid zijn en onder lasten gebukt gaan, dan zal ik jullie rust geven. Neem mijn juk op je en leer van mij, want ik ben zachtmoedig en nederig van hart. Dan zullen jullie werkelijk rust vinden, want mijn juk is zacht en mijn last is licht.

Ze heeft de woorden gehoord, ze raken haar hart. Zíj is die vermoeide vrouw. Zíj gaat onder die ondraaglijke lasten gebukt. Zíj snakt naar rust. Zíj heeft vergeving nodig. Jezus is het antwoord op al haar onuitgesproken gebeden en verlangens. Uit dankbare liefde gaat ze naar Jezus toe. In het huis van de farizeeër. Ze duikt plotseling op in de eetkamer. Je vraagt je af: 'Hoe weet zij de weg zo goed te vinden in dat huis? Is zij daar eerder geweest voor 'zaken'?'

De Bijbel is zo fantastisch fijngevoelig. De naam van deze vrouw wordt zorgvuldig buiten het verhaal gehouden. Het gaat om haar aanbidding. De vrouw zelf wordt met waardigheid en discretie anoniem gehouden. De vrouw betuigt haar liefde en aanbidding aan Jezus. Zonder woorden. Zonder zingen. En ook Jezus zwijgt. Er gebeurt veel in die eetkamer met al die priemende blikken, zonder dat er een woord gesproken wordt. De vrouw geeft. Jezus ontvangt.

Simon denkt: 'Hij kan dit alleen maar ontvangen omdat Hij niet weet wie deze vrouw is!' Maar het tegendeel is waar. Jezus ontvangt, *juist* omdat Hij weet wie deze vrouw is. Zij heeft veel gezondigd. Haar is veel vergeven. En daarom bevestigt Jezus aan haar wat al waar is geworden voor zij maar een voet in dat huis zette: 'Uw zonden zijn u vergeven. Uw geloof heeft u gered; ga in vrede.' De boodschap van Jezus is waar geworden voor deze vrouw; haar last is nu licht, haar juk zacht, ze heeft een nieuw hart.

De tweede vrouw is Maria, de zus van Marta. Bij Jezus' afscheidsmaal neemt Maria een kruikje kostbare nardusolie, ter waarde van een jaarsalaris, zeg dertigduizend euro. Ze breekt het kruikje open, zalft het hoofd en de voeten van Jezus en droogt ze af met haar lange haar. Ze gebruikt zoveel olie dat de geur het hele huis doordrenkt. Alle discipelen zijn verontwaardigd over zoveel verkwisting, maar Jezus bemoedigt Maria:

> Ik verzeker jullie: waar ook ter wereld het goede nieuws verkondigd zal worden, zal ter herinnering aan haar verteld worden wat zij heeft gedaan.

Wat zij doet lijkt zoveel op wat Jezus over twee dagen gaat doen! Wat Maria hier voor Jezus doet is een daad van enorme zelfopoffering. Deze kostbare olie vertegenwoordigt haar erfenis of spaargeld. Zij geeft het allemaal weg aan Jezus. Op precies dezelfde manier doet Jezus een daad van ultieme zelfopoffering voor de mensheid. De daad van Maria is groots en royaal. Ze had een klein beetje olie kunnen nemen, dat was genoeg geweest voor het effect. Maar Maria heeft geleerd van het karakter van God die veel te veel, veel te goede wijn voor een veel te kleine bruiloft in Kana maakt. Maria zalft Jezus met veel te veel olie! En evenzo gaat Jezus te werk! Zijn werk aan het kruis is niet afgepast of berekenend! Zijn offer is groots en royaal! Velen zijn uitgekozen om met Hem in de hemel te komen wonen. Toch sterft Hij niet voor velen, maar voor *allen*. Hij had kunnen gaan rekenen: 'Hoeveel lijden moet ik doorstaan om zoveel mensen te redden dat ze precies in de hemel passen?' Maar Hij rekent niet. Hij geeft al zijn bloed, zijn hele leven, zijn hele lichaam. En zoals Maria Jezus uit pure liefde zalft, zo geeft Jezus zijn leven uit pure liefde voor de mensen.

Twee vrouwen. Twee levens. Twee bijzonder treffende beelden van aanbidding: bij Jezus komen, zelfs als er andere mensen bij zijn. Zonder schaamte knielen aan zijn voeten. Hem geven wat je hart je ingeeft. Niet berekenend en zuinig, maar royaal en groots. Vaak behoeft ware aanbidding geen woorden. Woorden zeggen soms zo weinig. Soms komen er tranen. Vaak is een blik van verstandhouding, door een waas van tranen heen, voldoende.

'Hij koos de twaalf uit opdat zij bij Hem zouden zijn.' Jezus wil dat wij dat leren. Stil worden. Geven.

Hoe kun je leren aanbidden? Zoals bij alle dingen die God je in deze fase wil leren zijn er twee dingen van fundamenteel belang.

Ten eerste: Ga het doen. Ten tweede: Zoek iemand als mentor die hierin verder is dan jijzelf. Beide stappen vragen om moed.

Bewogenheid – Wat zie je als je kijkt?

Na hun eerste zendingsreis neemt Jezus zijn twaalf vrienden mee voor een weekendje rust. De inwoners van Kafarnaüm en de omliggende steden en dorpen zien Jezus en zijn vrienden wegvaren en besluiten Hem een verrassingsfeestje te bezorgen. Wanneer het schip aan de overkant aanmeert worden Jezus en de discipelen door twintigduizend mensen verwelkomd. De verschijning van de menigte komt wel zeer ongelegen. De discipelen zijn uitgeput van hun eerste zendingsreis. Zij hebben recht op persoonlijke tijd met Jezus. Bovendien zijn ze in rouw gedompeld vanwege het overlijden van hun vriend Johannes de Doper. Nu, met al die ongenode gasten, worden de plannen van Jezus en zijn discipelen overhoop gegooid.

Hoe reageer je als je drukke agenda wordt verstoord door iemand met een probleem? Hoe reageer je als je lang geplande retraite verstoord wordt door ongevraagd bezoek? Hoe reageert Jezus?

Diep, diep geraakt! Het Griekse werkwoord dat daar staat is *splachizomai*. Dit woord betekent ongeveer zoals het klinkt: zijn ingewanden scheuren. Jezus is bewogen tot op het bot. Hij is zo bewogen met de menigte mensen dat het Hem pijn doet. Wat ziet Hij? Hij ziet daar een zieke die hoopt op genezing. Hij ziet daar een eenzame tiener die hoopt op een vriend. Hij ziet daar een gepest kind dat hoopt op een veilige omgeving. Hij ziet daar een gescheiden moeder, gedesillusioneerd door het leven, die hoopt op liefde. Hij ziet daar een geknakte man die, uitgerangeerd bij het bedrijf waar hij zijn leven lang voor heeft gewerkt, hoopt op een tweede kans.

Hij ziet de mensen zoals God ze ziet.

Marcus zegt het indringend. Jezus ziet schapen zonder herder.

Matteüs zegt het nog verpletterender:

> Jezus zag dat zij voortgejaagd en afgemat waren als schapen die geen herder hebben.

Voortgejaagd, als in de zin: ‘Het meisje in het donkere tunneltje rent voor haar leven met haar belager op de hielen.’ En afgemat als in de zin: ‘Afgemat deed de man nog één slag met zijn armen voor hij naar de bodem van de oceaan zonk.’
Jezus voelt de urgentie van de nood van de mensen tot in zijn botten. Hij voelt het in zijn darmen, in zijn buikholte. Hier zijn mensen bezig te sterven! Hier zijn mensen onderweg naar een eeuwigheid zonder God!
De nood van mensen is de reden waarom Jezus pardoes alle programma’s aan de kant gooit en enorme omwegen maakt. Hij ziet de nood van mensen niet als een onwelkome onderbreking van een te vol weekschema. Hij ziet de nood van mensen als zijn verantwoordelijkheid. Het is de nood van de mensheid die Hem ertoe heeft aangezet om die gigantische omweg van de hemel naar de aarde en weer terug te maken, zodat wij gered kunnen worden.
De les die Jezus zijn discipelen op deze dag leert is één van de belangrijkste in een mensenleven: ‘Wat zie je als je kijkt?’
Wat zie jij als je kijkt?
Zie je de mensen met de ogen van God?

Creativiteit: geven jullie hen maar te eten!
Omdat Jezus de menigte langdurig toespreekt ontstaat er een probleem: de mensen krijgen honger en er zijn geen restaurants in de buurt. Jezus spreekt dan de legendarische woorden: ‘Geven jullie hen maar te eten!’ Jezus legt de verantwoordelijkheid voor het verzorgen van de menigte bij de discipelen neer: ‘Geven jullie hen maar te eten. Bedenk het wonder maar. Leid het veranderingsproces maar.’
De twaalf discipelen gaan in conclaaf: ‘Petrus, heb jij nog een goed idee? Nou nee, nooit eerder meegemaakt, staat niet in mijn handboek, heb er nooit een inleiding over gehoord. De discipelen komen niet verder dan de oplossing om ze maar met een lege maag naar huis te sturen. Het zou wel acht maanden salaris kosten om al die mensen te voeden!
Hun reactie is jammer, het is een gemiste kans! Je ziet hier dat de

discipelen nog niet de geloofscreativiteit en de geloofservaring met veranderingsprocessen hebben, die ze in Handelingen wel hebben. Hier zitten ze nog op het niveau van 'kopiëren'. Dat kunnen ze goed. Jezus heeft vaak genoeg demonen uitgedreven. Ze hebben goed gekeken, de autoriteit wordt gedelegeerd en warempel, zij kunnen het ook! Zieken genezen? Idem. Maar dit? Eten geven aan twintigduizend mensen? Dat gaat hun boven de pet.
Dat is jammer! Want wat er daardoor voor de discipelen overblijft is: organiseren en opruimen. Als je de rest van je leven niets anders wilt doen dan organiseren en opruimen, dan moet je vooral zorgen dat je deze levenslessen niet leert. Zit jij op het niveau van kopiëren? Blijft het bij afkijken wat de voorganger en de jeugdleider doen? Weet je je geen raad met nieuwe, unieke situaties? Neem dan deze geloofslessen ter harte. Bedenk het wonder maar voor... (vul de situatie in voor degene die op je pad komt).

Vertrouwen – Hoe ga je om met stormen?
De maaltijd is afgelopen en Jezus stuurt de discipelen en de menigte naar huis. Zelf blijft Hij achter. Hij heeft behoefte om alleen te zijn met de Vader. Als je veel geeft, moet je ook weer veel ontvangen. En Jezus heeft veel gegeven. De dag, volgend op deze nacht, zal Jezus zijn confronterende preek in de synagoge in Kafarnaüm geven. Die preek wordt nu biddend doorworsteld en voorbereid. Na enkele uren bidden kijkt Jezus vanuit de bergen op het meer en ziet daar zijn twaalf vrienden zwoegen op de golven. Tweemaal in de fase van *Leren* zien we de discipelen in een hevige storm op het meer van Galilea. De eerste keer slaapt Jezus dwars door de storm heen. Deze keer is Hij aan het bidden. Dat is het eigenaardige van stormen. Vaak lijkt het of Jezus juist tijdens een storm niet thuis geeft. Beide keren vindt de storm 's nachts plaats. Door de eerste storm dreigden de discipelen te vergaan. Hun schip maakte al water. Door de tweede storm komen ze niet verder vooruit. Het is tussen drie en zes uur in de ochtend. Ze hadden al lang thuis moeten zijn, maar ze kunnen de storm niet de baas!

De stormen in ons leven hebben dezelfde kenmerken. Juist tijdens een storm lijkt Jezus verder weg dan ooit. Stormen komen altijd met donker weer. Het zicht wordt vertroebeld en je weet nauwelijks meer waar je heen moet. Je dreigt te vergaan. De boot wordt onbestuurbaar en je komt nauwelijks meer vooruit. Alles gaat mis. Je weet niet meer waar je het zoeken moet.

Hoe gedraag je je dan?

In de eerste storm schreeuwden de discipelen Jezus wakker. Dat is een hele goede. Bid alsof je leven er van af hangt! Houd juist tijdens de storm niet op met bidden. Maar dat niet alleen. In de tweede storm houden de discipelen niet op met roeien. Met bovenmenselijke krachtsinspanning komen ze niet verder, maar toch roeien ze door. Er zijn tijden in ons leven waar het alle kracht kost om alleen maar op de plek te blijven waar we zijn. Er zijn tijden waar het getuigt van grote moed, doorzettingsvermogen en geloof wanneer je gewoon blijft waar je bent…

Jezus ziet zijn discipelen zwoegen en besluit ze te helpen. Hij stapt het meer op en loopt over het water naar het schip. Dan staat er een bijzondere zin in de Bijbel:

> Toen Hij zag dat de leerlingen door de hevige tegenwind maar nauwelijks vooruit kwamen, hoe hard ze ook roeiden, liep Hij tegen het einde van de nacht over het meer naar hen toe, en Hij wilde hen voorbij lopen.

Is het je opgevallen? De laatste zes woorden: ‘En Hij wilde hen voorbij lopen.’ Het plan van Jezus is niet om naar de boot toe te lopen en in te stappen. Zijn plan is om op afstand voorbij te lopen zodat de discipelen Hem wel kunnen zien, maar Hem niet aan kunnen raken. De hoop van Jezus is dat er een lichtje bij de discipelen gaat branden, alleen al door Hem van afstand te zien. Jezus hoopt dat de eerste storm, de storm die een paar maanden eerder had plaatsgevonden, weer in hun gedachten komt. Want wat deed Jezus bij de eerste storm? Hij was wakker geworden en Hij had de wind boos bestraft. Een paar uur geleden heeft Hij de discipelen nog aangemoedigd: ‘Geven jullie hen maar te eten.’ Achter dit plan van ‘voorbij lopen’ zit dezelfde intentie. ‘Als ze Mij zien zullen ze zich wel herinneren hoe Ik de eerste storm tot bedaren heb gebracht. En nu Ik ze volmacht heb gegeven om boze geesten uit te drijven en zieken te genezen ben Ik benieuwd hoe ze op deze situatie reageren.'

De discipelen reageren niet zoals Jezus hoopt. Zodra ze Hem zien zetten ze het op een schreeuwen: 'Een spook! Een spook!'

Wat jammer! Dus loopt Jezus maar naar de discipelen toe en stapt Hij bij ze in de boot om ze te troosten als bange kinderen: 'Jongens, Ik ben het, wees maar niet bang.'

Dit is een training in vertrouwen. Hoe reageer je in de stormen van het leven? Jezus lijkt ver weg, maar opeens, op de meest onverwachte momenten, duikt Hij toch op. Soms is Hij verder weg dan je verwacht. Misschien ziet Hij er anders uit dan je gewend bent (dat kan komen door het geweld van de golven). Het opduiken van Jezus uit de waternevels van de storm mag je herinneren aan al die keren dat Jezus je geholpen heeft en dichtbij was. En vanuit de eerdere ervaringen die je met Hem hebt opgedaan mag je geloofscreativiteit tentoonspreiden. Jezus hoopte dat de discipelen vanuit het zicht op Hem de storm tot bedaren zouden brengen. Maar nee, deze keer moet Hij het nog zelf doen. In Handelingen laten de discipelen zien dat ze deze lessen goed ter harte hebben genomen.

Want hoe gaan ze om met de eerste storm van vervolging wanneer Jakobus is vermoord en Petrus gevangen zit? Ze houden niet op met bidden! Hoe gaan ze om met de tweede storm van geweldige vervolging waardoor de hele gemeente uiteen geslagen wordt? Iedereen vlucht weg, maar de discipelen blijven zitten waar ze zitten en roeien stug verder. Zij weten dat Jezus vroeg of laat weer zal opduiken en hen weer verder zal leiden. En dat doet Hij. Er komen verhalen van bekeringen onder Samaritanen en heidenen. God geeft verdere openingen en vanuit enorme moed en creatief geloofsinitiatief gaan ze grenzen over en overwinnen ze de storm.

Moed – Hoe reageer je als het er op aankomt?

Een karaktertrek die Jezus al zijn volgelingen wil leren, is moed.

De grote test voor de discipelen vindt plaats in het laatste weekend. In de periode daarvoor hebben de discipelen al blijk gegeven van moed, door Jezus te blijven vergezellen naar het gevaarlijke Jeruzalem. Maar in het laatste weekend gaat het toch mis.
Als Jezus gevangen genomen wordt in Getsemane vluchten alle discipelen weg. De enigen die Jezus in stilte blijven achtervolgen zijn Johannes en Petrus die beide weten door te dringen tot in de gebouwen van de hogepriester. Petrus zakt echter, onder druk van mensen, door het ijs. Hij verloochent Jezus driemaal. 'Bitter wenend' rent hij het nachtelijk duister in. Totaal gebroken. Op van de emotie. Teleurgesteld in zichzelf.
Die nacht wordt Jezus verhoord en gemarteld. De volgende ochtend wordt Hij gekruisigd. De discipelen zijn allemaal weggevlucht, wellicht naar het huis van Lazarus, Marta en Maria in Betanië. De gebeurtenissen in Jeruzalem gaan zo snel dat Jezus aan het kruis hangt voor de discipelen beseffen wat er allemaal is gebeurd. Ze missen allemaal het kruis. Behalve Johannes. Hij staat daar aan de voet van het kruis, onder andere met Maria, de moeder van Jezus.
Judas heeft Jezus verraden. Petrus heeft Jezus verloochend. Negen van de overige discipelen hebben uit angst voor hun eigen hachje het kruis gemist. Alleen Johannes heeft alles van begin tot eind meegemaakt.
Het is het weekend van het falen in moed.
Wat moet dat diep ingegrepen hebben in de levens van de discipelen. Ze willen zo graag trouw zijn. Ze willen zo veel. Ze bereiken uiteindelijk zo weinig. Ze laten Jezus in de steek als het er echt op aan komt. Zullen zij er in slagen om diepgaand te veranderen?

Genade – De kostbaarste les

Jezus leert zijn discipelen in die laatste dagen van hun omgang met elkaar nog een les. Misschien is het wel de kostbaarste les. Nadat Petrus Jezus heeft verloochend is hij bitter huilend weggerend in de nacht en hij heeft de kruisdood van Jezus gemist. Petrus komt pas weer in beeld als hij op zondagochtend naar het graf rent.

Hoe gaat Jezus om met Petrus die Hem verloochend heeft?
De meeste mensen weten wel dat Jezus bij Petrus is gekomen aan het meer van Galilea. Ze zijn met zeven discipelen weer aan het vissen op het meer en opeens staat Jezus aan de oever. Hij heeft een ontbijtje klaar gemaakt. Dat vind ik zo mooi. De opgestane Heer, Hij die de Heerser is over hemel en aarde, Hij die tot in alle eeuwigheid gediend en geëerd zal worden door tallozen engelen en schitterende wezens, Hij die de ultieme heldendaad heeft verricht en een ongelofelijk royaal en compleet offer heeft gebracht – Hij heeft wat broodjes gehaald en wat visjes geregeld; Hij heeft een ontbijtje klaargemaakt voor zijn vrienden. Dat is groots!
Het ontbijt is vooral bedoeld om een gesprek met Petrus te kunnen voeren. Doelbewust in gezelschap van zijn medediscipelen. Maar dit gesprek is niet de eerste ontmoeting tussen Jezus en Petrus na de opstanding. Het is in ieder geval de vierde keer dat zij elkaar weer ontmoeten. De tweede en derde keer zijn in die geheime kamer in Jeruzalem waar Jezus opeens verschijnt aan de discipelen. De eerste keer, dat is de mooiste keer.
Het staat een beetje verborgen in de Bijbel. De Emmaüsgangers komen dolenthousiast terug en vertellen dat ze Jezus hebben ontmoet!

> Ze stonden op en gingen meteen terug naar Jeruzalem, waar ze de elf en de anderen aantroffen, die tegen hen zeiden: ‘De Heer is werkelijk uit de dood opgewekt en Hij is aan Simon verschenen.’

Terwijl de Emmaüsgangers met hun nieuws komen binnen vallen hebben ook de elf discipelen nieuws: ‘Het is echt waar. Jezus is echt opgestaan! We hebben het al gehoord van Maria, maar nu weten we het zeker, want Hij is ook aan Simon verschenen!’
Wat doet Jezus op die eerste dag van alle dagen? Hij verschijnt eerst aan Maria. Zij houdt Hem voor de tuinman. De bloedplekken op zijn handen komen vast doordat Hij zich aan de rozen heeft geprikt. De wonden aan zijn voeten komen vast door de scherpe steentjes in de tuin. Maar nee, het is Jezus! Na deze ontmoeting gaat Jezus eerst op zoek naar *Petrus*!

Petrus die Hem heeft verloochend. Petrus die niet bij het kruis was. Petrus die compleet geknakt is door zijn gebrek aan moed en liefde op het *moment suprème*. Jezus weet dat Petrus Hem nodig heeft. Dus gaat Hij naar hem toe. Privé. Onder vier ogen. Verder staat er niks over in de Bijbel.

Jezus had kunnen zeggen: 'Petrus, jij hebt me driemaal verloochend, Ik kom wel bij jou als Ik me eerst aan de anderen heb laten zien.' Maar nee, Jezus komt eerst bij Petrus. Heel discreet. Heel fijngevoelig. Bijzonder genadig.

Tijdens die ontmoeting leert Petrus genade. 'Hij zocht mij op toen Ik een vijand van Hem was!' Ik probeer me voor te stellen hoe dat geweest moet zijn, die ontmoeting. Petrus is ergens. Alleen. Alleen met zijn gedachten, twijfel en pijn. Ziet hij iets? Hij kijkt op en kan zijn ogen niet geloven. Jezus! Dan de tranen. Het geluidloze snikken. De smekende ogen. De twee mannen die elkaar om de hals vallen. Het snikkende: 'Vergeef me, vergeef me, vergeef me.' En Jezus die Hem toefluistert: 'Maar dat heb Ik toch al lang gedaan, mijn beste vriend.'

Tijdens deze ontmoeting, wordt Petrus' relatie met Jezus hersteld. In de tweede ontmoeting, aan het meer van Galilea wordt zijn bediening ten overstaan van zijn medediscipelen hersteld: 'Weid mijn lammeren.' De lammeren die zo jong, zwak en kwetsbaar zijn. Wie is er beter geschikt om te zorgen voor jonge, kwetsbare lammeren dan de stoere visser die zelf zo diep gevallen is en die als geen ander genade heeft geproefd? Maar Hij zegt ook: 'Hoed mijn schapen.' En: 'Weid mijn schapen.' Zorg niet alleen voor de zwakken en jongen in het geloof, maar leidt ook de leiders. Doe het werk van een herder. Bouw mijn gemeente.

Oefeningen na hoofdstuk 9

Van *Leren* naar *Vruchtdragen*

Aanbidding
Schrijf één A4 vol met eigenschappen van God. Neem daarna de tijd om Hem te aanbidden om wie Hij is.

Bewogenheid
Schrijf de namen op van drie personen die je regelmatig tegenkomt. Vraag God of Hij je de ogen wil openen voor het leven van deze personen. Hoe kijkt God naar hen? Neem drie dagen lang vijftien minuten de tijd om de vragen, problemen en waarheid van deze personen op je in te laten werken.

Creativiteit
Doe dit jaar minimaal één van de dingen die je altijd al hebt willen doen, maar waar je nooit aan toe gekomen bent.
Verras je man, vrouw, huisgenoot of een vriend met iets creatiefs. Het mag je best wat energie en moeite kosten. Leg die persoon eens in de watten. Bezorg die persoon de dag van zijn leven.
Bedenk samen met God een mooie manier om aan tenminste één van de drie personen van de lijst 'wat zie je als je kijkt' Gods liefde te laten zien.

Vertrouwen
Neem vijftien minuten de tijd om te mediteren over Jezus' lopen over het water naar de discipelen tijdens de storm op het meer. Bedenk de reactie van de discipelen toen ze Jezus opeens zagen. Bedenk de liefde en almacht van Jezus.
Maak op moeilijke momenten de radicale keuze om te geloven dat

God op datzelfde moment in die moeilijke situatie is, of je dat nu wel of niet voelt.

Moed

Doe het komende half jaar tenminste één ding dat je graag wilt doen, maar waar je bang voor bent. Misschien vind je het eng om iemand uit te nodigen voor een evangelisatiedienst, terwijl je dat wel graag wilt. Misschien vind je het eng om in het openbaar te spreken en wil je toch graag van Gods liefde getuigen. Misschien vind je het eng om een bepaald iets weg te geven of los te laten. Wat het ook is. Doe datgene waar je bang voor bent, in de zekerheid dat Jezus bij je is.

Genade

Doe een week geen stille tijd.

Misschien ben je trouw in het houden van dagelijkse stille tijd, misschien niet. Laat je trouwe gewoonte gedurende één week los en blijf elke dag vertrouwen op Gods liefde voor jou. Gods liefde voor jou hangt niet af van jouw ijver in het houden van stille tijd. Mediteer vijftien minuten over Jezus' woorden: 'Mijn genade is u genoeg' (2 Korintiërs 12:9).

Vijfde fase: Vruchtdragen

Het deel *Vruchtdragen* beschrijft hoe de training van de discipelen door Jezus zijn vruchten afwerpt: de wereld wordt in opschudding gebracht door de boodschap van liefde en genade van het Koninkrijk van God. De vrucht van de lessen uit de fase *Leren* zien we in de praktijk van Handelingen. *Vruchtdragen* wordt beschreven in hoofdstuk 10 en in dit boek gemarkeerd met een *druiventros*. Vanaf nu is het aan ons om het geleerde in praktijk te brengen...

God heeft ons ogen gegeven opdat wij zouden zien; Hij heeft ons oren gegeven opdat wij zouden horen; Hij heeft ons een wil gegeven opdat wij zouden kiezen, en Hij heeft ons een hart gegeven opdat wij zouden leven.
John Eldredge

Laten we zo trachten te leven dat als we sterven, zelfs de begrafenisondernemer het jammer vindt.
Mark Twain

Vergeet nooit dat dit allemaal begonnen is met een muis.
Walt Disney

Hoofdstuk 10
Vruchtdragen

Het is zover! Het is gelukt! Jezus heeft zijn vier doelen gehaald! Hij heeft de wereld laten zien: zo is God! Hij heeft alle mensen de kans geboden om gered te worden van een eeuwigheid in de hel! Hij heeft zijn rechtmatige koningschap opgeëist en zijn troon ingenomen! En Hij heeft zijn volgelingen zo getraind dat zij voortaan de doelen een, twee en drie vorm kunnen geven op aarde. De laatste verzen van Marcus zijn de kroon op het evangelie:

> De Here Jezus dan werd, nadat Hij tot hen gesproken had, opgenomen in de hemel en heeft Zich gezet aan de rechterhand Gods. Doch zij gingen heen en predikten overal, terwijl de Here meewerkte en het woord bevestigde door de tekenen die er op volgden.

Jezus is er in geslaagd om een groep volgelingen te leren leven vanuit hun nieuwe identiteit. De wereld maakt kennis met de levende God die in en door mensen heenwerkt. Een leven van vruchtdragen kan beginnen!

Het begint klein

Het begint allemaal klein in Handelingen. De discipelen zijn bijeen in Jeruzalem en wachten op de uitstorting van de Heilige Geest. Tot de uitstorting van de Heilige Geest mogen de discipelen uit eerste hand *ervaren* wat het betekent om Jezus te kennen en met Hem te leven. Vanaf de uitstorting van de Heilige Geest *weten* ze ook innerlijk wat het betekent om Jezus te kennen en met Hem te leven. Er breekt een nieuw tijdperk aan. Jezus is niet meer gebonden aan tijd en plaats, maar Hij is nu overal. Hij woont wereldwijd in iedere gelovige.

De evangeliën vertellen over de periode waarin Jezus het Leven met zijn discipelen voorleeft. Zoals de discipelen in deze periode

alles van dichtbij mogen ervaren en leren, zo mogen wij nu ook de lessen uit de evangeliën op onze levens toepassen. De discipelen gaan in *real life* met Jezus om. Ze raken verzeild in echte stormen en ze maken echte wonderen mee. Zo mogen wij nu ook heel reëel met Jezus omgaan. We maken met Hem allerlei echte problemen en echte wonderen mee.
Ze zitten met honderdentwintig mensen in een zaaltje. Het proces van vruchtdragen heeft gewerkt! De discipelen zijn in drie jaar gegroeid van vijf naar twaalf naar tweeënzeventig naar honderdentwintig mensen! Maar de limiet is nog lang niet bereikt.

De groei van de eerste gemeente
De Geest van God wordt uitgestort en meteen gaat het los! De eerste dag worden drieduizend mensen toegevoegd aan de gemeente:

> Zij dan, die zijn woord aanvaardden, lieten zich dopen en op die dag werden ongeveer drieduizend zielen toegevoegd.

En dat is nog maar het begin:

> En de Here voegde dagelijks toe aan de kring die behouden werden.

Met de groei van de gemeente komt er ook steeds meer weerstand tegen de gemeente. Maar dat hebben de apostelen al eerder meegemaakt. Toen Jezus populairder werd was het verzet tegen Hem ook steeds verder gegroeid. De discipelen weten hoe ze met stormen moeten omgaan. Veel bidden en stevig doorroeien. Nadat Petrus en Johannes gevangen zijn genomen staat er:

> Maar velen van hen, die het woord gehoord hadden, werden gelovig, en het getal van de mannen werd ongeveer vijfduizend.

We spreken hier over een echte megagemeente. Het aantal komt al uit op zo'n vijfduizend mensen, en daarbij zijn de vrouwen en kinderen nog niet eens meegerekend. Op dat moment bestaat de gemeente al uit zeker tienduizend zielen!
Terwijl de tegenstellingen in Jeruzalem steeds scherper worden, gaat de groei van de gemeente door.

> En des te meer werden er toegevoegd, die de Here geloofden, tal van mannen zowel als vrouwen.

Vanaf het begin is het christendom een geloof van zowel mannen als vrouwen geweest. Dit is een erfenis van het leven van Jezus die zowel mannen als vrouwen liefhad en hen onderwees en trainde.

Luxeproblemen

De gemeente groeit in enkele maanden tijd uit tot vele duizenden mensen. Dat zorgt voor de nodige druk op de organisatie. Er ontstaan problemen. Maar de apostelen hebben van Jezus geleerd, onder meer bij de vermenigvuldiging van de vijf broden en twee vissen, dat een nieuw probleem om een nieuwe oplossing vraagt. Het is tijd voor geloofscreativiteit!

> En toen in die dagen de discipelen talrijker werden, ontstond er gemor bij de Grieks sprekenden tegen de Hebreeën, omdat hun weduwen bij de dagelijkse verzorging verwaarloosd werden.

Uit de situatie blijkt dat de apostelen teveel werk op hun bordje hebben. De apostelen dragen hoogstpersoonlijk zorg voor het uitdelen van het brood en de verzorging van de weduwen in de gemeente. Naast al die handenarbeid verzorgen ze ook nog eens de prediking, de gebeden en het leiden van de gemeente. Het is duidelijk dat zij de lessen in dienstbaarheid goed ter harte hebben genomen! Waar zij in de fase van *Leren* bezig waren met hun tronen, terwijl Jezus bezig was met het kruis, zijn zij hier helemaal niet meer gericht op eigen eer. Dienstbaarheid is hun motto geworden. Ze willen Hem navolgen die hen de voeten, en niet de oren, heeft gewassen. Dus dienen ze van de vroege morgen tot de late avond. Ze dienen zelfs teveel. Een mens kan maar een bepaalde hoeveelheid werk doen op een dag. Dat geldt ook voor geestvervulde apostelen.

De apostelen gaan bijzonder wijs met de hele situatie om. Ze beleggen een gemeentevergadering waar ze het probleem bespreekbaar maken en een creatieve, nooit eerder vertoonde oplossing voorstellen. Er worden zeven diakenen aangesteld die de verzorging van de weduwen voor hun rekening zullen nemen.

Van welke groep komen de klachten? Het zijn Grieks sprekende weduwen die aan de bel trekken omdat zij achtergesteld worden bij de Arameestalige weduwen. Op zich begrijpelijk. De Grieks sprekende weduwen zijn in de minderheid in Jeruzalem, en ze zijn ook nog eens 'Grieks'. Ze horen er voor het gevoel van de Aramees (Hebreeuws) sprekende gelovigen – of voor hun eigen gevoel – toch iets minder bij. Jezus zelf is immers een Arameestalige jood? Er worden zeven diakenen aangesteld: Stefanus, Filippus, Prochorus, Nikanor, Timon, Parmenas en Nikolaus. Zeven mannen, met *Griekse* namen!

De Griekse minderheid heeft een probleem. Er komen zeven nieuwe leiders die gemeentebreed zullen dienen en zij zijn allemaal Grieks! Dat getuigt van wijsheid en moed!

Stel dat jouw gemeente bestaat uit een kleine groep Afrikanen en een grote groep Nederlanders. Er ontstaat een organisatorisch probleem waar vooral de Afrikaanse minderheid last van heeft. Laten we zeggen dat de muziek tijdens de erediensten als te weinig ritmisch wordt ervaren. De Nederlandse zangleiders kiezen in de beleving van de Afrikanen steeds te langzame liedjes. Er komt een gemeentevergadering en er worden zeven nieuwe zangleiders aangesteld. Allemaal Afrikanen.

De kracht van delegeren

Net zoals Jezus zijn discipelen in de evangeliën steeds naar voren schuift om verantwoordelijkheden op zich te nemen die misschien wel te groot voor ze zijn, zo schuiven de apostelen nu ook anderen naar voren om taken over te nemen. Verantwoordelijkheden en autoriteit worden gedelegeerd. Met als gevolg dat er nieuwe leiders opstaan. Twee van de zeven diakenen komen we nog vaker tegen in Handelingen. Stefanus wordt de eerste martelaar. Filippus brengt het evangelie naar Samaria, en later aan de Ethiopische eunuch. Behalve nieuw leiderschap ontstaat er ook meer eenheid in de gemeente; er komt zelfs een nieuwe opwekkingsgolf.

> En het woord van God wies en het getal der discipelen in Jeruzalem nam zeer toe en een talrijke schare van de priesters gaf gehoor aan het geloof.

Eindelijk komen er massaal priesters tot geloof! Zij die al zo lang vastzitten in de Joodse ceremonies en wetten worden nu bevrijd door het Lam dat voor eens en voor altijd het offer heeft gebracht. Dit is een voorbeeld van een opwekking die niet alleen door gebed ontstaat, maar ook door goed leiderschap. Verlang je naar een opwekking in je stad? Bid er voor! Maar bid niet alleen. Kijk ook hoe je vanuit het leiderschap van de gemeente de stappen kunt zetten die nodig zijn om het welzijn van de gemeente te bevorderen en nieuw leiderschap te laten ontstaan.

De gemeente in Jeruzalem telt nu tussen de tien- en twintigduizend leden. Het is geweldig wat God in korte tijd in Handelingen doet. In een periode van ongeveer twee jaar wordt een hele stad op z'n kop gezet door het evangelie.

Niet alleen Jeruzalem

Maar God is niet tevreden. De opdracht die Hij zijn discipelen heeft gegeven gaat veel verder dan alleen het bereiken van Jeruzalem.

> Gij zult kracht ontvangen wanneer de Heilige Geest over u komt, en gij zult Mijn getuigen zijn te Jeruzalem en in geheel Judea en Samaria en tot het uiterste der aarde.

In Jeruzalem kan de vreugde niet op. Bolwerk na bolwerk wordt afgebroken. Mensen komen met bosjes tot geloof. Er is een geweldige sfeer en mensen offeren ruimhartig. Maar God heeft de wereld op het oog!

God gebruikt de kromme stok van de vervolging die uitbreekt na de steniging van Stefanus, om een rechte slag te maken. Vanuit het lijden en de verwarring van de vervolging gaat gebeuren wat God voor ogen heeft:

> Zij dan, die verstrooid werden, trokken het land door, het evangelie verkondigende.

Terwijl de satan de gemeente door de vervolging wil verwoesten wordt de gemeente juist door de vervolging vermenigvuldigd. De christenen vluchten massaal weg uit Jeruzalem en vertellen aan iedereen die het maar horen wil Wie de bron is van hun levensvreugde.

Filippus trekt de stoute schoenen aan en gaat naar de Samaritanen, de bastaardzonen van Israël. Er breekt massaal een opwekking in Samaria uit, al lijkt de diepgang ervan wat twijfelachtig.

> Toen de scharen Filippus hoorden en de tekenen zagen die hij deed, hielden zij zich eenparig aan hetgeen door hem gezegd werd.

Op het eerste gezicht lijkt hun bekering tot het geloof van Filippus niet veel anders, dan het geloof dat zij eerst hadden in Simon, de tovenaar. De Samaritanen laten zich wel massaal dopen, maar niemand ontvangt de Heilige Geest. Pas wanneer twee kopstukken uit Jeruzalem poolshoogte komen nemen en met de Samaritanen bidden, wordt Gods Geest uitgestort.

Gelukkig mogen de heidenen er ook aan geloven. Het kost God heel wat overredingskracht om Petrus naar Cornelius en zijn gezin toe te krijgen. Tijdens zijn stille tijd krijgt Petrus een visioen van een laken uit de hemel. Het laken is gevuld met allerlei reine en onreine dieren. Een stem zegt tegen Petrus: 'Wat God rein verklaard heeft, mag je niet voor onheilig houden.' Dit gebeurt tot drie keer toe. Uiteindelijk begrijpt Petrus dat het evangelie niet meer alleen voor de joden bedoeld is, maar dat ook de heidenen de blijde boodschap mogen horen! Petrus is helemaal om en reist meteen af naar de Romeinse hoofdman Cornelius.

Ik denk dat God bij de bekering van Cornelius expres een 'verkeerde' volgorde heeft gehanteerd. Cornelius en zijn gezin komen tot geloof en beginnen spontaan in tongen te spreken. Zo vol zijn ze van Gods Geest. Verbaasd en enigszins bedremmeld besluit Petrus dan: 'Nou, als zij de Heilige Geest ontvangen hebben, dan zal het ook wel goed zijn om ze te dopen.'

> En hij beval hen te dopen in de naam van Jezus Christus.

Het is maar goed ook dat God deze bijzondere volgorde van gebeurtenissen bij de heidenen geeft, want Petrus moet heel wat praten om de broeders in Jeruzalem ervan te overtuigen dat hij juist heeft gehandeld door heidenen te dopen.

> Petrus begon hun alles in geregelde orde uiteen te zetten. (...)
> En toen zij dit gehoord hadden, kwamen zij tot rust en verheer-

lijkten God, zeggende: Zo heeft dan God ook de heidenen de bekering ten leven geschonken.

Stad na stad op zijn kop

Vanaf dat moment gaat het echt goed los en maakt stad na stad kennis met het evangelie van Jezus Christus. Paulus ontvangt een bijzondere bediening van de Heer en hij mag het werk van Stefanus, bij wiens terechtstelling hij getuige was, voortzetten. In de loop van Handelingen lezen we veertien keer hoe een stad of een gebied totaal veranderd wordt door de kracht van het evangelie. Een paar voorbeelden.

Antiochië: De volgende sabbat kwam bijna de gehele stad bijeen om het woord Gods te horen. Toen nu de heidenen dit (het evangelie) hoorden, verblijdden zij zich en verheerlijkten het woord des Heren; en allen, die bestemd waren ten eeuwigen leven, kwamen tot geloof; en het woord des Heren verbreidde zich door het hele land.

Berea:

Velen dan van hen kwamen tot het geloof, en van de aanzienlijke Griekse vrouwen en mannen niet weinigen.

Het klinkt zo fantastisch! Stad na stad gaat op zijn kop voor Jezus. Het brengt zelfs zoveel onrust dat Paulus en de zijnen in Tessalonica beschuldigd worden:

Dezen, die de wereld in opschudding hebben gebracht, zijn ook hier gekomen!

Hoe doe je dat? Het veroveren van de wereld? Hoe laat je een stad kennis maken met de liefde en grootheid van de Here Jezus?
Kijk maar eens hoe Paulus dat in Filippi aanpakt. Hij doet het zo heel gewoon.

Het is een zonnige zaterdagmorgen. De vogeltjes fluiten, zoals elke dag. Er waait een zacht briesje. Aan de oever van de rivier zit een groepje vrouwen. Ze praten zachtjes met elkaar, ze zingen een lied, ze bidden en ze lezen een stukje uit de Tora. Terwijl de vrouwen daar zo rustig bezig zijn wandelen drie mannen de stad uit, in de richting van de rivier. Ze zijn duidelijk op zoek naar iets of iemand.

De drie mannen volgen de loop van de rivier en kijken zoekend rond. Ze spreken weinig met elkaar. Plotseling houden ze halt en luisteren. Ja, ze horen zachtjes zingen van een groepje vrouwen. Ze versnellen hun pas en op een kleine open plek, aan de oever van de rivier stuiten ze op het groepje vrouwen. De vrouwen kijken verschrikt op. Een moment staan de drie mannen bewegingloos, dan doet één van de drie een stap naar voren en opent zijn mond: 'Wat zijn wij blij dat wij jullie hier zo aantreffen. We hebben lang gereisd om jullie te kunnen ontmoeten. Zouden we er even bij mogen komen zitten? Ik zal mezelf eerst even voorstellen: mijn naam is Paulus en dit zijn twee goede vrienden van mij, Silas en Lucas.'

De drie nemen plaats in de kring en beginnen te vertellen – over Jezus Christus die gestorven en opgestaan is voor alle mensen – ook voor dit groepje vrouwen.

De Bijbel zegt dan:

> En een zekere vrouw, met name Lydia, een purperverkoopster uit de stad Tyatira, die God vereerde, hoorde toe, en de Here opende haar hart, zodat zij aandacht schonk aan hetgeen door Paulus gezegd werd. En toen zij gedoopt was en haar huis, nodigde zij ons, zeggende: Indien gij van oordeel bent, dat ik de Heer getrouw ben, neemt dan uw intrek in mijn huis.

Hoe bereik je een wereld? Hoe maak je een continent gek op Jezus?

Op een zonnige zaterdag ga je met een paar vrienden uit wandelen naar de plek waar je een gebedsplaats vermoedt! Daar loop je dan een groepje vrouwen tegen het lijf. Je gaat erbij zitten en begint te vertellen. Eén vrouw uit het groepje – één vrouw! – wordt aangeraakt door God en door haar worden haar huisgenoten geraakt en gedoopt. Dat is het bruggenhoofd voor een nieuwe gemeente en dit betekent de uiteindelijk vergaande verandering in de stad Filippi. Zo kun je het doen.

Of je reist naar een slaperig stadje en je gaat daar naar de synagoge. En als je uitgenodigd wordt om wat te zeggen, dan vertel je wat je op je hart hebt.

Of je gaat tenten maken in een stadje waar de 'Olympische Spelen' worden gehouden. Daar is het sowieso een drukte van belang en je grijpt de kansen die je krijgt.
De film *Saving Private Ryan* is een bijzondere combinatie van verhaallijnen. De film begint met een indrukwekkend filmportret van de landingen in Normandië: D-day, de grootscheepse aanval van de geallieerden om een bruggenhoofd te vestigen in Europa. Na het eerste half uur van de film is de eerste veldslag afgelopen en komt er wat rust in de film. Dan kom je er ineens achter dat je bijna een half uur lang je adem hebt ingehouden en je knokkels hebt wit geknepen aan je koffiekopje. De rest van de film vertelt hoe een kleine groep soldaten één andere soldaat – *private* Ryan – moet opsporen en in veiligheid moet brengen. Twee van zijn broers zijn namelijk al gesneuveld en de regering wil de ouders in ieder geval het geluk gunnen dat James Francis Ryan blijft leven. Het leven van een achttal soldaten wordt in de waagschaal gezet om één persoon terug naar huis te laten gaan.
Een bizar verhaal in die hele grote machinerie van de oorlog. Berlijn moet veroverd worden en wel zo snel mogelijk. Dan stuur je toch geen mensen op een missie als het redden van een eenling voor het geluk van zijn ouders?
De les van zowel Handelingen als van *Saving Private Ryan* is dat een hele grote strijd gewonnen wordt als er maar genoeg hele kleine, schijnbaar onbeduidende, onbetekenende en soms dwaze strijdjes gewonnen worden. De geallieerden wonnen omdat zij kleine missies uitzetten om eenlingen terug naar huis te halen. Duitsland verloor doordat Hitler bij Stalingrad 280.000 man weigerde te laten ontsnappen en ze liet afslachten door de Russen.

De levenslessen toegepast

Het verhaal van Handelingen is dat de ongelofelijk blijde boodschap van het evangelie, hart na hart, en stad na stad verovert. Het is een onstuitbare vloed van blijdschap, overvloed en geluk die door het Romeinse rijk heen golft. En temidden van al die veranderende mensen en steden laten de apostelen zien dat ze geleerd hebben hoe te leven als Jezus. Ze leven als leerlingen. Ze hebben de God van de lach ontmoet. Maar daar blijft het niet bij. Ze hebben radicale keuzes gemaakt. Ze hebben huizen, banen en vrienden op gegeven om Jezus te volgen. Hun zonden zijn vergeven en hun wonden genezen. Ook zijn ze door de spannende periode van het leren van al die levenslessen heen gegaan. In Handelingen is te zien hoe de discipelen die lessen in praktijk brengen.

Aanbidding

In de evangeliën waren twee vrouwen te zien die een geweldig aanbiddingoffer aan Jezus brachten. Het offer was veel te royaal, veel te groots, veel te kostbaar. De discipelen waren toen vooral bezig met hun eigen gewin. Maar dat is veranderd. In Handelingen en in de overlevering van de vroege kerkvaders is in elk van de levens van de apostelen de woordeloze royale aanbidding terug te zien! Ze geven iets dat nog kostbaarder is dan nardusmirre. Ze geven hun leven.

De eerste die sterft is Jakobus, de broer van Johannes. Nooit is Jakobus alleen naar voren gekomen in de evangeliën. Steeds wordt hij vergezeld door zijn broer of iemand anders. Hij is een gepassioneerde man. Als Jezus in een Samaritaans dorp de toegang wordt geweigerd, is het Jakobus' voorstel om de stad maar met vuur te laten verbranden. Dat is creativiteit van een twijfelachtige allure! Maar Jakobus is veranderd. Zijn passie maakt hem een van de belangrijkste leiders in de megagemeente in Jeruzalem. Hij trekt de aandacht van Herodes die hem laat onthoofden.

> En omstreeks die tijd sloeg koning Herodus de hand aan sommigen van de gemeente om hen kwaad te doen. En hij liet Jakobus, de broer van Johannes, ter dood brengen met het zwaard; en toen hij zag dat dit de Joden welgevallig was, ging hij voort en nam ook Petrus in hechtenis.

Petrus ontsnapt op wonderlijke wijze uit de gevangenis. Voor straf laat Herodus de bewakers van Petrus executeren en hij vertrekt zelf naar Caesarea. Daar laat hij zich aanbidden als een god. God

straft Herodus door hem van binnen door wormen te laten opeten. Herodus sterft.
Eusebius, een vroege kerkhistoricus, vertelt de weergave van de dood van Jakobus zoals de kerkvader Clemens van Alexandrië die gaf:

> 'Clemens vertelt dat degene die Jakobus naar de rechterstoel leidde zelf geraakt werd door het getuigenis van Jakobus en beleed dat hij zelf ook een christen was. Daarom werden ze beiden weggeleid. Onderweg smeekte hij Jakobus of hij hem wilde vergeven. Nadat Jakobus hierover had nagedacht zei hij: 'Vrede zij met u' en gaf hem een kus. En zo werden beide tegelijkertijd onthoofd.'

Jakobus is veranderd van iemand die wraak wilde nemen in iemand die zijn leven als een offer aan Jezus geeft en tot op het laatste moment vruchtdraagt.
Jakobus is de enige wiens dood in de Bijbel beschreven staat, maar niet de enige die het hoogste offer bracht. De overige apostelen, met uitzondering van Johannes, zijn ook de marteldood gestorven voor hun Heer en Heiland. Het was de ultieme aanbidding. 'Neem mijn leven, laat het Heer, toegewijd zijn aan Uw eer', zegt een oud lied. Vanuit deze levenshouding van aanbidding hoeft er niet meer onderhandeld te worden over wat je wel en wat je niet over hebt voor het evangelie. Alles is al van Hem, die mij alles heeft gegeven! In aanbidding geef ik terug wat al lang van Hem is.

Bewogenheid
In de evangeliën waren de discipelen meer bezig met hun eigen carrière en gewin dan met de mensen om hen heen. Mensen konden een lastige inbreuk op hun privacy zijn. Ze vonden het zelfs moeilijk om met Jezus mee te voelen toen Hij op het punt stond het Offer te brengen. Hoe anders is dat in Handelingen! De discipelen hebben met andere ogen naar de realiteit leren kijken. Wanneer Johannes en Petrus de verlamde man bij de poort van de tempel zien zitten nemen ze de tijd om zich in hem te verplaatsen. Ongetwijfeld waren ze onderweg naar een ontmoeting. Misschien moes-

ten ze wel preken en stond er een menigte op hen te wachten. Maar Johannes en Petrus hebben geleerd dat mensen belangrijker zijn dan agenda's.
Enige maanden later komen ook de Samaritanen en heidenen in beeld als doelwit van Gods genade. Het is voor ons moeilijk voor te stellen hoeveel innerlijke barrières de discipelen moesten overwinnen om te getuigen aan Samaritanen en heidenen. Evangeliseren onder deze groepen mensen was vloeken in de kerk. Zeker de eerste keren dat dit gebeurde waren revolutionair! De apostelen haalden zich heel wat onbegrip en kritiek van andere gelovigen op de hals. Maar hun invoelingsvermogen en liefde voor God waren groter dan hun angst voor de kritiek van mensen. Hun passie om het verlorene te zoeken en te redden, zoals hun Meester had voorgedaan, maakte dat zij ver wilden reizen, ongehoorde risico's wilden lopen en innerlijke blokkades durfden overwinnen. Hun blik op de wereld was voorgoed veranderd. Niet langer was het wij – zij. Nee, vanaf nu bevond iedereen zich binnen het bereik van Gods genade en was elk moment er één om geleefd en gevierd te worden.

Creativiteit

Handelingen staat bol van de onverwachte problemen die zich aan de apostelen en de snel groeiende gemeente opdringen. Hoe doop je drieduizend mensen op één dag? Wij hebben er al moeite mee om twintig mensen in één dienst te dopen. Hoe organiseer je een gemeente van meer dan tienduizend leden? Met wat kleine hobbeltjes hier en daar lijkt het toch prima te gaan. Hoe los je problemen met minderheidsgroeperingen op? Je stelt nieuw leiderschap vanuit de minderheidsgroepering aan! Dat is creatief. Jezus geneest mensen door handoplegging of door het spreken van een woord. In Handelingen genezen mensen ineens door de schaduw van Petrus of door de zweetdoeken van Paulus. Dat heeft Jezus hen nooit voorgedaan, maar het werkt blijkbaar wel! Wat doe je als geliefden en voormannen van de gemeente in de gevangenis belanden? De associaties van de apostelen bij gevangenschappen zijn de onthoofding van Johannes de Doper en de kruisiging van Jezus. Geen opwekkende gedachten. Maar als Petrus gevangen zit wordt er onophoudelijk voor hem gebeden en hij kan gewoon naar buiten lopen! En als Paulus in de gevangenis zit begint hij gewoon te zingen en de muren storten in! Ineens gebeuren er allerlei onverwachte en doldwaze dingen in Handelingen. Filippus preekt het evangelie in Samaria, reist dan snel door naar de kamerling uit Morenland en blijkt dan opeens in Asdod, vele kilometers verderop te zijn. De uitvinding van het tijdreizen! Op die geschiedenis moet de film *Back to the future* gebaseerd zijn. En zo gaat het maar door. Er wordt *out of the box* gedacht door ook Samaritanen en heidenen te laten aanschuiven. Oplossingen voor ingewikkelde theologische kwesties als: 'Hoe ga je om met de eventuele besnijdenis van de heidenen', worden in goed overleg opgelost. 'Geven jullie hen maar te eten' heeft Jezus een aantal maanden eerder tegen de discipelen gezegd en toen wisten ze zich geen raad. Hoe anders is dat nu! Er is geen probleem of de apostelen bieden ze het hoofd; ze leggen voortdurend geloofscreativeit aan de dag.

Vertrouwen

In de evangeliën lijkt Jezus soms ver en raken de discipelen in paniek. Ook in Handelingen lijkt Jezus soms ver weg, maar nu is er niemand die in paniek raakt. Meteen de eerste maanden neemt de druk op de apostelen enorm toe. Het is de druk van vervolging door dezelfde mensen die Jezus aan het kruis genageld hebben. Jakobus wordt vermoord. De apostelen roeien stug door. Petrus wordt gevangen gezet. De apostelen bidden en roeien door. Stefanus wordt gestenigd en de gemeente wordt uiteen geslagen. Waar is God in dat alles?! De apostelen roeien gestaag door.

> En er ontstond te dien dage een zware vervolging tegen de gemeente te Jeruzalem; en allen werden verstrooid over de streken van Judea en Samaria, met uitzondering van de apostelen.

Saulus gaat als een woesteling te keer en verwoest de gemeente. Waar is God in dat alles? De apostelen blijven waar ze zitten en roeien dapper verder. Ze blijven God zoeken, ze blijven preken, ze blijven leiding geven. Het zijn mannen die hebben geleerd wat het betekent om trouw te zijn en God te vertrouwen, ook als de omstandigheden niet zo gunstig zijn.

Moed

In de evangeliën slaan de discipelen op het moment dat het er echt om gaat, op de vlucht. In Handelingen is er niemand die vlucht. Ook als de vervolging losbarst blijven de apostelen op hun post. Jeruzalem, de haard van haat tegen Jezus en de zijnen, blijft de plek van waaruit de apostelen opereren.

Als de hogepriester en Schriftgeleerden Petrus en Johannes onder doodsbedreiging proberen te dwingen om te stoppen met preken, geven Petrus en Johannes geen duimbreed toe. Zij vluchten niet meer. Zij weten dat het beter en belangrijker is om God te gehoorzamen dan mensen.

Het vraagt ook om moed van Petrus om naar Cornelius toe te gaan en hem het evangelie te vertellen. Hoe zullen zijn medeapostelen daar op reageren? Getuige hun eerste reactie heeft hij echt de overredingskracht van God zelf nodig om te gaan. Maar hij gaat en deelt het evangelie. Met Gods zegen en even moedig gaat hij nu terug om zijn broeders te vertellen welke deur God heeft geopend.

Genade

Saulus heeft de gemeente verwoest. Hij heeft bekeerlingen van Petrus en de andere apostelen vermoord. Hij is de motor van de vervolging van de gemeente. Hij is de eerste die de vervolging wil exporteren naar Damascus. Hij slaat gezinnen uiteen en berooft kinderen van hun ouders.

Maar Saulus wordt Paulus.

En op het moment dat Saulus Paulus wordt, ontstaat er plotseling weer vrede onder de gelovigen. Want de motor van de vervolging is gestopt.

Natuurlijk is iedereen nog bang voor Paulus. 'Is zijn bekering wel echt?' Paulus heeft genade ontvangen van de Jezus die hij ver-

volgde. Maar hij heeft niet alleen genade nodig van Jezus, hij heeft ook genade nodig van de leiders van de gemeente.
De eerste van de apostelen die Paulus genade betoont is, hoe kan het ook anders, Petrus. Paulus schrijft in de brief aan de Galaten:

> Daarop ging ik drie jaar later naar Jeruzalem, om Kefas (Petrus) te bezoeken, en ik bleef vijftien dagen bij hem; en ik zag geen ander van de apostelen dan Jakobus, de broeder des Heren.

Jezus zoekt Petrus op om hem na zijn verloochening genade te leren. Paulus zoekt Petrus op en ontvangt daar genade om zijn bediening op te zetten. Petrus is degene die de bediening onder de heidenen heeft gestart. Paulus bouwt voort op het fundament dat Petrus heeft gelegd. De gemeenteverwoester is een gemeentebouwer geworden, omdat hem de genade is betoond die zijn genadebetoners zelf ook ontvangen hebben.

Nu jij...
Als je Handelingen leest en de kerkgeschiedenis bestudeert is het makkelijk om te vergeten hoe het allemaal begon. Het begon bij die aandoenlijke eerste ontmoeting van Johannes en Andreas met Jezus. Het begon bij een idyllisch meer in een vergeten provincie. Het begon met ruwe vissers. 'Vergeet nooit dat dit allemaal begonnen is met een muis', zei Walt Disney.
Jij staat nu misschien aan het begin. Of misschien ben je al lang onderweg. Waar je ook bent in je wandel met God, er is perspectief voor jouw leven. Er is groeipotentie. Er zijn stappen die je kunt zetten om verder te komen, net als de discipelen. Vruchtdragen is mogelijk, ook voor jou. Begin gewoon klein. Begin bij het begin. Wees moedig. Volg je hart. Volg Jezus. Leef als leerling.

Bronvermeldingen

Bijbelcitaten zijn afkomstig uit de vertalingen NBG 1951 en NBV 2004. Cursiveringen in de geciteerde Bijbelteksten zijn door de auteur aangebracht.

Hoofdstuk 1: Leren leven als leerling
Blz. 11: *'Niemand kent de Vader'*: Matteüs 11:27
Blz. 11: *'God heeft zijn zoon niet naar de wereld gestuurd om'*: Johannes 3:17
Blz. 11: *'Tot in eeuwigheid zal Hij Koning zijn'*: Lucas 1:33
Blz. 11: *'Dan zullen zij de Zoon des mensen zien'*: Marcus 13:26
Blz. 13: *'Doch zij gingen heen'*: Marcus 16:20
Blz. 17: *'Het was niet Jezus zelf die doopte'*: Johannes 4:1
Blz. 19: *'Hij stelde er twaalf aan'*: Marcus 3:14

Hoofdstuk 2: Leven zonder God
Blz. 30: *Csikszentmihalyi* in John Ortberg: *God is closer than you think*, 2005, blz. 92
Blz. 31: *Blaise Pascal*: *Gedachten*, 1997, blz. 24
Blz. 32: *Walter Mitty* in James Thurber: *Het verborgen leven van Walter Mitty en andere verhalen*, 1983, blz. 57
Blz. 34: *'Wij weten dat de hele schepping'*: Romeinen 8:22, 23
Blz. 35: *'De eeuwigheid in hun hart'*: Prediker 3:11
Blz. 35: Satan als aanklager: Job 1,2; Zacharia 3:1 e.v.
Blz. 38: *'Want om vele kinderen in zijn luister te laten delen'*: Hebreeën 2:10, 11
Blz. 40: *Floris Bakels*: *Nacht und Nebel*, blz. 152
Blz. 41: *'Ik ben gekomen'*: Johannes 10:10b

Hoofdstuk 3: De man die niet wilde kiezen
De ontmoeting tussen Jezus en Pilatus is te vinden in Johannes 18 en 19

Hoofdstuk 4: Vreugdevolle kennismaking
Blz. 61: *'Uit zijn overvloed'*: Johannes 1:16
Blz. 61: Het eerste wonder staat beschreven in Johannes 2:1-11
Blz. 62: *'De Geest van de Heer rust op mij'*: Lukas 4:18, 19
Blz. 65: De Zaligsprekingen staan in Matteüs 5:3-10
Blz. 67: Zie voor meer informatie over deze uitleg van de zaligsprekingen: Dallas Willard: *The divine conspiracy*, 1997

Hoofdstuk 5: Schokkende genade
Blz. 73: Aanwijzingen dat de eerste discipelen na een paar maanden weer terug naar huis zijn gegaan om weer aan het werk te gaan zijn de volgende: Tijdens de verhalen van Jezus op 'het onbekende feest' in Jeruzalem (waar hij de verlamde man bij de poel van Bethesda geneest) en zijn bezoek aan Nazareth staat geen enkele discipel genoemd. Ook bij de eerste uitoefening van zijn bediening in Galilea schitteren de discipelen door afwezigheid. Juist omdat de discipelen weer terug naar huis waren gegaan was de tweede roeping nodig. Als zij bij Jezus waren gebleven dan komt de tweede roeping vreemd over.
Blz. 75: *'Laat nu de Ontzagwekkende'*: Job 31:35
Blz. 76: *'Wie heeft de geulen gekliefd'*: Job 38:25-27
Blz. 76: *G.K. Chesterton*: *Orthodoxie*, blz. 81
Blz. 78: *G.K. Chesterton*: *Orthodoxie*, blz. 74
Blz. 80: *Walter Brueggemann*: *The prophetic imagination*, 2001, blz. 78
Blz. 81: *Nietsche*; Geciteerd in Jack Miles: *Jezus, een crisis in het leven van God*, 2001, blz. 16
Blz. 82: Jack Miles, *Jezus, een crisis in het leven van God*, 2001, blz. 17
Blz. 82: *'Deze laatsten hebben één uur gewerkt'*: Matteüs 20:12-15
Blz. 84: *Frederick Buechner*, *Telling the truth; the gospel as tragedy, comedy & fairy tale*, 1977, blz. 50

Hoofdstuk 6: Radicale keuzes
Blz. 89: *'Hij gaf onderricht in de synagogen'*: Lucas 4:15
Blz. 89: *'Nadat Johannes gevangen was genomen'*: Marcus 1:14
Blz. 90: *'Hij liep midden tussen hen door'*: Lucas 4:30
Blz. 90: Jezus stelt Zichzelf gelijk aan God: Johannes 5:17, 18
Blz. 91: De ontmoeting tussen Jezus en Petrus staat beschreven in Lucas 5:1-11
Blz. 100: *'Mozes sloeg steeds buiten het kamp'*: Exodus 33:7
Blz. 100 *Dietrich Bonhoeffer*: *Navolging*, 1963, blz. 59

Hoofdstuk 7: De weg naar vrijheid
Blz. 105: *'Belijd daarom elkaar je zonden'*: Jakobus 5:16
Blz. 107: *'Of weet u niet dat wie zich met een hoer verenigt'*: 1 Korinthiërs 6:16-18
Blz. 109: *'Ik zal de Vader vragen'*: Johannes 14:17, 18, 20, 23
Blz. 110: *Brother Lawrence*, *The practice of the presence of God*: 1999, blz. 28
Blz. 111: *Dallas Willard*, *The divine conspiracy*: 1997, blz. 277
Blz. 113: *Maarten Luther*; in Richard Foster, *Devotional Classics*: 1993, blz. 195
Blz. 113: *'Gij bidt wel'*: Jakobus 4:3
Blz. 113: *'En Ik zeg u: Bidt en u zal gegeven worden'*: Lucas 11:9-13
Blz. 114: *'Ik zeg jullie: maak vrienden met behulp van de valse mammon'*: Lucas 16:9
Blz. 115: *Thomas a Kempis*, *De navolging van Christus*: 1917, blz. 49
Blz. 116: *'Waarom hebt u naar me gezocht?'*: Lucas 2:49

Hoofdstuk 8: Leren
Blz. 124: *'Hij ging terug naar huis'*: Marcus 3:20, 21
Blz. 124: *'Hij stond op en vertrok naar de omgeving van Tyrus'*: Marcus 7:24, 25
Blz. 124: *'Dankzij de vorst van de demonen'*: Marcus 3:22
Blz. 125: *'Toen Zijn broers naar het feest vertrokken waren'*:

Johannes 7:10-13
Blz. 126: *'De Vader heeft Mij lief omdat ik Mijn leven geef'*: Johannes 10:17, 18
Blz. 126: *'Hij begon hun te leren dat de Mensenzoon'*: Marcus 8:31-33
Blz. 127: *'Ze vertrokken uit die streek'*: Marcus 9:30-32
Blz. 127: *'Ze waren onderweg naar Jeruzalem'*: Marcus 10:32-34
Blz. 127: *'Maar Jezus zei: 'Laat haar met rust'*: Marcus 14:6-8
Blz. 128: *'Nu ben Ik doodsbang'*: Johannes 12:31-33
Blz. 128: *'Terwijl ze aten, nam Hij een brood'*: Marcus 14:22-25
Blz. 128: *'Ik heb Satan als een lichtflits uit de hemel zien vallen'*: Lucas 10:18
Blz. 128: *'Simon, Simon, weet dat'*: Lucas 22:31,32
Blz. 129: *'Judas nam het brood aan'*: Johannes 13:21-30
Blz. 129: *'Hij ging de berg op en riep al degenen bij Zich'*: Marcus 3:13-15
Blz. 130: Aanwijzing dat zeven van de twaalf vissers waren: Johannes 21:2
Blz. 131: *'De wereld in opschudding brengen'*: Handelingen 17:6
Blz. 131: *'Opdat zij bij Hem zouden zijn'*: Marcus 3:14 NBG
Blz. 131: *'Kort daarop begon Hij rond te trekken'*: Lucas 8:1-3
Blz. 132: *Richard Foster, Money, sex and power*: 1996
Blz. 133: *'Petrus vroeg: 'Wij hebben alles achtergelaten'*: Matteüs 19:27
Blz. 134: *'Daarop kwam de moeder van de zonen van Zebedeüs'*: Matteüs 20:20-22; 24-28
Blz. 134: *'Toen ontstond er onder hen onenigheid'*: Lucas 22:24

Hoofdstuk 9: Commandotraining
Blz. 141: *'Kom naar Mij'*: Matteüs 11:28-30
Blz. 142: *'Ik verzeker jullie'*: Matteüs 26:13
Blz. 143: Dit weekend staat onder andere beschreven in Marcus 6:30-52
Blz. 143: *'Jezus zag dat zij'*: Matteüs 9:36
Blz. 146: *'Toen Hij zag dat de leerlingen'*: Marcus 6:48

Blz. 149: *'Ze stonden op en gingen meteen terug'*: Lucas 24:33, 34
Blz. 150: De ontmoeting aan het meer van Galilea staat beschreven in Johannes 21:1-23

Hoofdstuk 10: Vruchtdragen
Blz. 155: *'De Here Jezus dan werd'*: Marcus 16:19,20
Blz. 156: *'Zij dan, die zijn woord aanvaardden'*: Handelingen 2:41
Blz. 156: *'En de Here voegde dagelijks toe'*: Handelingen 2:47
Blz. 156: *'Maar velen van hen'*: Handelingen 4:4
Blz. 157: *'En des te meer werden er toegevoegd'*: Handelingen 5:14
Blz. 157: *'En toen in die dagen de discipelen talrijker werden'*: Handelingen 6:1
Blz. 158: *'En het woord van God wies'*: Handelingen 6:7
Blz. 159: *'Gij zult kracht ontvangen'*: Handelingen 1:8
Blz. 159: *'Zij dan, die verstrooid werden'*: Handelingen 8:4
Blz. 160: *'Toen de scharen Filippus hoorden'*: Handelingen 8:6
Blz. 160: *'Wat God rein verklaard heeft'*: Handelingen 10:15
Blz. 160: *'En hij beval hen te dopen'*: Handelingen 10:47
Blz. 160: *'Petrus begon hun alles in geregelde orde'*: Handelingen 11:4, 18
Blz. 161: *'En de volgende sabbat kwam'*: Handelingen 13:44, 48, 49
Blz. 161: *'Velen dan van hen'*: Handelingen 17:10-12
Blz. 161: *'Dezen die de wereld'*: Handelingen 17:6
Blz. 162: *'En een zekere vrouw'*: Handelingen 16:14, 15
Blz. 164: *'En omstreeks die tijd'*: Handelingen 12:1-3
Blz. 165: Zie voor meer informatie over de dood van Jakobus en de andere apostelen: *Foxe's Christian Martyrs of the World* en *The new Enyclopedia of Christian Martyrs*.
Blz. 167: *'En er ontstond te dien dage'*: Handelingen 8:1
Blz. 169: *'Daarop ging ik drie jaar later'*: Galaten 1:18, 19